LECTURAS
DIARIAS
— tomadas de —

Todas las cosas
les ayudan a
bien

Otros libros de Joel Osteen en español e inglés

LECTURAS
DIARIAS
— tomadas de —

Todas las cosas
les ayudan a
bien

Autor de éxitos de ventas núm. 1 del *New York Times*

JOEL OSTEEN

FaithWords

New York • Nashville

· · · · · ·

Y sabemos que a los que
aman a Dios, todas las cosas
les ayudan a bien, esto es, a
los que conforme a su propósito
son llamados.

Romanos 8:28, RVR1960

Introducción

. . . .

Todos nosotros pasaremos por situaciones negativas que no nos gustan o no comprendemos, como la pérdida, la enfermedad o el divorcio. Esas experiencias son parte de la jornada humana. Pero cuando nos encontramos en esos momentos tan difíciles, es fácil desanimarse, renunciar a nuestros sueños y simplemente conformarse.

Puede que no nos demos cuenta, pero cuando nos sentimos inmersos en dificultades, mayores razones tenemos para alentarnos. Dios no habría permitido los problemas a menos que Él los usara para hacernos crecer y alcanzar nuestro máximo potencial. Esos obstáculos y desafíos son parte de su plan para convertirnos en lo que fuimos creados para ser. Ahí es donde nuestro carácter se desarrolla. Si permanecemos en la fe y mantenemos una buena actitud cuando enfrentamos los desafíos, no solo creceremos, sino que veremos cómo Dios hace que todas las cosas les ayuden a bien.

Es por eso que escribí este devocionario: ayudarlo para que saque provecho de las ideas de *Todas las cosas les ayudan a bien* y se centre en cómo acercarse a Dios y confiar en Él cuando la vida no tenga sentido. Le ayudará a comprender que hay semillas de talento, potencial y grandeza enterradas en lo más profundo de su ser, que solo cobrarán vida en los tiempos oscuros. A medida que aprende a confiar en que Él caminará con usted a través de las dificultades, es solo cuestión de tiempo antes de que broten y florezcan en todo su potencial.

Confío en que estas devociones le animen en su caminar diario con Dios. Si bien no están destinadas a reemplazar su tiempo personal con Dios, es mi deseo que las lecturas sean las llaves que pueda usar para abrir las puertas que le conduzcan a una vida más plena. Espero que sean un trampolín que lo impulse a acercarse a Dios y lo ayude a superar los desafíos o barreras que podrían impedirle para descubrir su mejor vida posible.

Su vida puede ser transformada y renovada a medida que permite que la Palabra de Dios refresque y remodele su forma de pensar, hablar y sus actividades cotidianas. Encontrará una gran cantidad de escrituras y puntos para meditar. Permita que las escrituras le hablen a su corazón. Esté quieto y escuche lo que Dios le está hablando. Día a día, los obstáculos que le retienen comenzarán a debilitarse y desaparecer de su vida.

No importa los desafíos o problemas que esté enfrentando, Dios lo tiene todo resuelto. Él puede ver cosas que usted no puede ver. Sus caminos son mejores que nuestros caminos. Dios ha prometido: "Haré que cosas buenas sucedan que nunca hubiera podido lograr por usted mismo". Descubra la clave para saber que Dios siempre está de su lado, que todo es para bien, y convertirse en la persona de fe y carácter que Dios diseñó para que sea, aun cuando la esperanza parece imposible.

LECTURAS
DIARIAS
— tomadas de —

Todas las cosas
les ayudan a
bien

Todas las cosas
les ayudan a
bien

Fortaleza del corazón

Mi carne y mi corazón pueden desfallecer, pero Dios es la fortaleza de mi corazón y mi porción para siempre.

Salmos 73:26, LBLA

La vida está llena de situaciones que no nos gustan: nos decepcionan, un amigo nos traiciona, no obtuvimos la promoción por la que tanto trabajamos. Vemos estas cosas como negativas, pensando: *Eso fue malo. No funcionó. Mis oraciones no fueron contestadas.* Es fácil desanimarse y perder la pasión.

No obstante, Dios no permitirá que pasemos por alguna dificultad a menos que Él la use de algún modo para nuestro bien. Si mantiene la actitud correcta, todo lo que sucede en la vida lo empujará más hacia su destino. Esto incluye las puertas cerradas que usted enfrenta, las demoras y el préstamo que no recibió. Dios dice: "Todo es para bien. Yo estoy en control. Puede que te sientas mal, pero si confías en mí, voy a usarlo para tu bien".

Todo es para bien

La discreción del hombre le hace lento para la ira, y su gloria es pasar por alto una ofensa.

Proverbios 19:11, LBLA

Cuando usted entiende el principio de que Dios usará las dificultades para su bien, la vida se le hace mucho más fácil. No se enoja cuando un compañero de trabajo trata de que luzca mal. Usted sabe que todo es para bien. Dios lo permitió, y Él lo usará. Lo intentó, pero el negocio no se logró. No se rinda con sus sueños. Sabe que todo es para bien. Es parte del proceso. No deje que las cosas simples, como atascarse en el tráfico, lo frustren y arruinen su día. Sabe que Dios está dirigiendo sus pasos. Al frenarlo, puede estar evitándole un accidente. Él puede estar desarrollando la paciencia en usted. Sea lo que sea, Él tiene un propósito para eso. Mantenga la perspectiva correcta: todo es para bien.

Protegido

Detrás y delante me rodeaste, y sobre mí pusiste tu mano.

Salmos 139:5, RVR1960

No vamos a entender todo lo que sucede y lo que no sucede en nuestras vidas. Si trata de resolverlo todo, se sentirá frustrado. Dios puede ver el panorama general de nuestras vidas. Él sabe dónde están los callejones sin salida, los atajos, los caminos llenos de baches que le van a causar angustia y dolor. Él mantendrá las puertas cerradas por las cuales oró para que se abrieran, porque Él sabe que serían una pérdida de tiempo. Dios pregunta: "¿Confías en mí con tus puertas cerradas? ¿Confías en mí con tus oraciones sin respuesta?".

Usted demuestra madurez si, en lugar de sentirse amargado cuando las cosas no funcionan, dice: "Dios, confío en ti. Puede que no me guste, pero creo que tú sabes lo mejor que me conviene".

Ser fiel

Hagan todo sin quejarse y sin discutir...
Filipenses 2:14, NTV

Algunas de las cosas que Dios tiene en su futuro no sería capaz de manejarlas si Él se las entregara en este momento. Él lo ama demasiado para que eso suceda. Él está desarrollando su carácter, haciéndolo crecer. Ese jefe que lo saca de quicio, que no lo trata bien, y usted sigue orando para que se vaya. La razón por la que él no se irá es porque Dios lo está usando como papel de lija para pulirlo a usted. Según vaya haciendo lo correcto, manteniendo la boca cerrada, siendo respetuoso, siendo fiel a sus responsabilidades, todo está ayudando para su bien. No podría desarrollar su carácter sin él.

Puede que no le guste, pero está bien. Lo está preparando para el siguiente nivel de su destino.

Para su beneficio

*Y sabemos que a los que aman a Dios,
todas las cosas les ayudan a bien.*

Romanos 8:28, RVR1960

Si lucha contra todo lo que no le gusta, debe tener esta nueva perspectiva: todo es para bien. Ya sea que se trate de un jefe malhumorado, una enfermedad con la cual está lidiando, o un sueño que tarda una eternidad en cumplirse, puede decir: "No me gusta cómo va esto, pero Dios está en el trono. Él prometió que usará cualquier cosa que venga contra mí para mi beneficio". *Todas las cosas* les ayudan a bien. Puede que éstas no sean buenas en el momento en que las atravesamos. Es doloroso pasar por una pérdida. Duele cuando las personas nos hacen mal. Es desalentador cuando un sueño no se materializa. Por sí mismas, es posible que las cosas no sean buenas, pero Dios promete que todo cooperará. Un día mirará hacia atrás y dirá que todo estuvo bien.

Tener una mentalidad de vencedor

Sin embargo, en todo esto somos más que vencedores por medio de aquel que nos amó.

Romanos 8:37

Puede que se sienta desanimado porque perdió a un ser querido o un socio de negocios lo engañó, y está diciendo que esas cosas no eran buenas. El problema es que está viendo esos incidentes por separado. Dios los ve todos juntándose entre sí. Ese revés fue un arreglo para Dios revelarse en su vida. Tiene que deshacerse de la mentalidad de víctima y comenzar a tener una mentalidad victoriosa. Cuando tiene esta actitud de que todo es para bien, usted no anda resentido. Sabe que Dios lo tiene en las palmas de sus manos. Usted se mantiene alegre porque sabe que es solo cuestión de tiempo antes de que Dios lo reúna todo. La Escritura dice que el llanto puede durar una noche, pero con la mañana llega la alegría (ver Salmos 30:5).

De lo peor a lo mejor

...pero nosotros abrigábamos
la esperanza de que era él
quien redimiría a Israel.

Lucas 24:21

Acá celebramos el Viernes Santo (Viernes Bueno, en inglés) cada año. Hoy día lo llamamos "bueno", pero el día en que Jesús fue crucificado, los discípulos pensaron que fue el peor día de sus vidas. Sus sueños se hicieron añicos. El hombre al que habían dedicado sus vidas había sido crucificado, estaba muerto y había sido sepultado en una tumba. Las dudas llenaron sus mentes.

Sin embargo, unos días más tarde, cuando Jesús resucitó de entre los muertos y se les apareció en el aposento alto, se dieron cuenta de que Él era quien había dicho que era. Él había hecho lo que había dicho que iba a hacer. Él había derrotado al enemigo y traído la salvación a la humanidad. Cuando recordaron ese viernes, lo que pensaron que había sido el peor día de sus vidas ahora lo llamaron "bueno".

Viernes Bueno

...estando reunidos los discípulos a puerta cerrada
por temor a los judíos, entró Jesús y, poniéndose en
medio de ellos, los saludó. —¡La paz sea con ustedes!

Juan 20:19

B ueno es la última palabra que los discípulos habrían usado para describir el viernes cuando Jesús fue crucificado. El *viernes trágico* hubiera parecido una descripción más precisa. Sin embargo, después de que Jesús resucitó de los muertos, recordaron ese viernes y dijeron: "No fue lo que pensamos. No fue un viernes trágico. Todo era parte de su plan. Fue un 'Viernes Bueno'".

Todos enfrentamos momentos donde un sueño muere, una relación termina, nos diagnostican una enfermedad; nada de la situación parece bueno. Puede que ahora no sea bueno, pero Dios sabe cómo disponer todo. Puede que piense que eso lo detendrá, lo retrasará y le causará angustia. Si se mantiene en la fe, un día lo recordará y dirá que fue bueno.

9 de enero

Hay un propósito

El Señor ha hecho todo para sus propios propósitos...

Proverbios 16:4, NTV

Cuando alguien lo abandona, y no lo entiende, es fácil desanimarse. Pero cuando Dios lo dispone todo, cuando sabe que Él tiene para usted una conexión divina, alguien mejor de lo que alguna vez soñó, se recordará y dirá que ese fue un día bueno. ¿O qué del supervisor que lo oprimió todos esos años? No se dio cuenta en ese momento, pero permanecer en ese lugar de trabajo con una buena actitud, dando lo mejor y haciendo lo correcto cuando pasaba lo incorrecto, estaba desarrollando su carácter, fortaleciendo sus músculos espirituales, preparándolo para el siguiente nivel. No sería quien es hoy sin ese desafío. No le gustó en ese momento, pero lo recuerda ahora y puede decir que eso fue bueno.

Algo mucho mejor

Porque mis pensamientos no son los de ustedes, ni sus caminos son los míos.

Isaías 55:8

Dos veces intentamos comprar una propiedad para un nuevo santuario, y en ambas ocasiones la propiedad se vendió a otros compradores. Oramos por esas propiedades y trabajamos en las ofertas durante meses. Estaba muy decepcionado. No veía nada bueno en que alguien no cumpliera su palabra de vendernos esa propiedad. No me hacía sentido.

Sin embargo, aprendí que los caminos de Dios son mejores que nuestros caminos. Cuando el antiguo Centro Compaq estuvo disponible, me di cuenta de que la razón por la que Dios cerró esas otras puertas era que Él tenía reservado algo mucho mejor para nosotros. Dios puede ver cosas que nosotros no podemos ver. Ahora le agradezco por cerrar esas puertas. Miro hacia atrás y entiendo que Dios impidió que recibiéramos menos de lo que Él nos tenía reservado.

Fue sacado y elevado

Dichosos ustedes si los insultan por causa del nombre de Cristo, porque el glorioso Espíritu de Dios reposa sobre ustedes.

1 Pedro 4:14

Mi padre pastoreó una iglesia por muchos años, y se dio en cuerpo y alma a ayudar a la gente. La iglesia crecía, y su futuro era muy brillante. Pero cuando comenzó a compartir cómo se supone que debemos vivir una vida victoriosa y abundante, no encajó en la enseñanza de su denominación, y tuvo que abandonar la iglesia. Los amigos de años de mi madre nunca más volvieron a hablar con ella. Mis padres se sintieron traicionados y desalentados.

Pero así como Dios abre puertas, Él cierra puertas. Ellos comenzaron la Iglesia Lakewood, la cual se convirtió en una iglesia de miles. Ser expulsado fue lo mejor que le pudo haber pasado. Dios sabía que si mi padre se quedaba en ese entorno limitado, nunca llegaría a ser para lo que fue creado.

Crea en grande

—¿No te dije que si crees verás la gloria de Dios?—le contestó Jesús.

Juan 11:40

Cuando está herido y decepcionado, cada pensamiento le dice: "No es justo, Dios. ¿Por qué dejaste que esto me sucediera?". Le pido que confíe en Él. Puede que no parezca bueno, pero un día, cuando Dios lo disponga todo, mirará hacia atrás y dirá: "Fue un viernes bueno". No podía verlo en ese momento cuando esas dos propiedades potenciales para el nuevo santuario se vendieron a otros y no a nosotros, pero fue bueno porque nos abrió la puerta para obtener el Centro Compaq.

A veces Dios cierra las puertas porque creemos que son demasiado pequeñas. Puede que tenga sueños que aún no se han materializado; ha tenido algunos viernes decepcionantes. No se desanime. Dios sabe lo que está haciendo. Si se mantiene honrándolo, siendo lo mejor posible de sí mismo, su domingo de resurrección llegará.

Resurrección

"No está aquí, pues ha resucitado, tal como dijo. Vengan a ver el lugar donde lo pusieron".

Mateo 28:6

Puede que esté en un viernes ahora mismo; nada parece ser bueno en su situación. Está lidiando con una enfermedad, o luchando en una relación, o recibiendo ataques personales. Se siente sombrío, solitario, desalentado. No ve alguna posible solución. Permanezca en la fe. Dios no lo habría permitido si no fuera a avanzar. Está en un viernes; la buena noticia es que llegará el domingo, cuando vea su resurrección, por así decirlo. El domingo es cuando Dios lo vindica, lo sana, lo promueve, lo restaura. Es cuando prepara una mesa para usted en presencia de sus enemigos; cuando le devuelve el doble por esa dificultad. Eso es lo que convierte al viernes malo en un viernes bueno. No más viernes traicionero, o viernes decepcionante. Ahora es un viernes bendito, viernes feliz, viernes victorioso.

Situaciones que parecen malas

Encomienda al Señor tu camino; confía en él, y él actuará.

Salmos 37:5

Una pareja iba al hospital todas las semanas para alentar a los pacientes. Un día, el hombre cruzaba la calle en dirección a la entrada principal del hospital cuando un automóvil que circulaba a toda velocidad dobló la esquina y lo atropelló. Lo llevaron rápidamente a la sala de emergencias y descubrieron que tenía un sangrado en el cerebro. Hicieron una exploración de todo el cuerpo para ver si había alguna otra lesión y notaron un tumor en su riñón. Cuando le hicieron una biopsia, descubrieron que era cáncer. Lo sometieron a una cirugía para extraer el riñón, y hoy está libre de cáncer. El médico le dijo que si no hubiera encontrado ese tumor, había una buena probabilidad de que el cáncer se hubiera propagado a otras partes de su cuerpo, poniendo en peligro su vida. ¡Todo es para bien, aun las situaciones que en el momento parecen malas!

Entre bastidores

Así que mi Dios les proveerá de todo lo que necesiten, conforme a las gloriosas riquezas que tiene en Cristo Jesús.

Filipenses 4:19

Amigo, todo es para bien, incluso si es atropellado por un automóvil cuando está haciendo una buena acción como vimos en la lectura anterior. La mayoría de las personas diría: "Muchacho, ese tipo tuvo una mala racha". Pero Dios no permite nada que no traiga nada bueno. No siempre lo vemos. "Joel, me han sucedido tantas cosas que no han hecho más que destruirme". Usted no sabe lo que Dios está haciendo entre bastidores. Es posible que aún no haya dispuesto todas las cosas. De esto se trata la fe. Cuando suceden cosas que no nos gustan, como desilusiones, traiciones, malas rachas, podemos volvernos negativos y vivir amargados. O podemos decir: "Dios, confío en ti. Tú sabes lo que mejor me conviene. Creo que cuando dispongas todas las cosas serán para mi bien y no en mi contra".

ENERO

16

Retrasos

*¿...que en Su mano está la
vida de todo ser viviente, y el
aliento de todo ser humano?*

Job 12:10, NBLH

Dos jóvenes estudiantes universitarios viaja-
ban a Kenia para trabajar en un proyecto
misionero, pero perdieron su vuelo de conexión en Londres debido a una gran niebla. Estaban decepcionados y tuvieron que pasar la
noche tratando de dormir en el aeropuerto. Al
día siguiente, aproximadamente a la mitad del
vuelo y sin previo aviso, el avión se precipitó
en picado y comenzó a dirigirse directamente
hacia el suelo. Estos jóvenes escucharon ruidos
en la cabina que sonaban como a una pelea, y
se encontraron con que un hombre trastornado
había entrado en la cabina y dominado a los
pilotos. Ellos agarraron a ese hombre, lo sacaron de los controles y lo ataron. En cuestión de
uno o dos minutos, todos en ese vuelo habrían
muerto. Dios los detuvo allí a propósito para
que pudieran salvar el avión y sus pasajeros.

Pasos ordenados

*Por el Señor son ordenados
los pasos del hombre…*

Salmos 37:23, LBLA

Algunas veces Dios lo incomodará para que ayude a otra persona. En lugar de frustrarnos cuando nuestros planes no funcionan, debemos recordar que no se trata solo de nosotros. "No me gusta mi trabajo. La gente es negativa, chismorrea, se compromete. ¿Cuándo Dios me sacará de esto?". Tal vez Dios lo tiene ahí a propósito, para que su luz brille y sea una buena influencia sobre los demás. Deje de pelear por todo lo que no le gusta. Si Dios lo tiene allí, Él ha ordenado sus pasos. Puede ser incómodo, pero en lugar de resistirlo, intentando orar al respecto, ¿por qué no lo abraza? Diga: "Dios, aquí es donde me tienes ahora, así que voy a ser lo mejor que pueda. Puede que no me guste, puede que me sienta mal, pero conozco un secreto: todo es para bien".

18 de enero

Dispuesto para bien

"Ustedes se propusieron hacerme mal, pero Dios dispuso todo para bien...salvar la vida de muchas personas".

Génesis 50:20, NTV

Después de que José soportara trece años de traiciones, desilusiones y noches solitarias con una buena actitud en una prisión egipcia, él se convirtió en la segunda persona más poderosa de Egipto. A pesar de todo lo que tuvo que pasar, él le habría dicho exactamente lo que más tarde le dijo a sus hermanos que lo habían vendido como esclavo: todo fue para bien. Todo era parte del plan.

Deje de pelear por todo lo que no le gusta. Deje de estar molesto porque tuvo una mala racha, sufrió una decepción, recibió un informe médico que no era lo que esperaba. Dios no lo permitiría si no fuera a disponerse para su bien. Parece un revés, pero en realidad es una configuración para moverlo a su destino. Pregúntele a José.

19 de enero

Cumplir su propósito

Clamo al Dios Altísimo, a Dios, quien cumplirá su propósito para mí.

Salmos 57:2, NTV

Conozco a una pareja que inicialmente tuvo problemas para entender por qué su hijo nació con necesidades especiales. Sin embargo ahora, después de comenzar un ministerio para niños con necesidades especiales y sus padres en su iglesia, ellos le dirían que todo fue para bien. Puede que no lo vea ahora, pero hay una bendición tras el momento oscuro. Cuando todo se dispone, todo funcionará a su favor. Puede ser el viernes en su vida, sin ningún motivo para llamar bueno a lo que está pasando, pero no se preocupe, porque ya viene el domingo. Si se mantiene creyendo, todo lo que se dispuso para detenerlo, Dios lo usará para seguirlo avanzando. Él está disponiéndolo todo en este momento. El viernes bueno viene. ¡El viernes bendecido, el viernes vindicativo, el viernes saludable, el viernes victorioso se dirige hacia usted!

Depender de su Dios

Si caminan en tinieblas, sin un solo rayo de luz, confíen en el SEÑOR y dependan de su Dios.

Isaías 50:10, NTV

Cuando pensamos en lo que significa ser "bendecidos", la mayoría de las veces pensamos en las cosas buenas que nos han sucedido. Tal vez nuestro supervisor nos ofreció un nuevo puesto en el trabajo, o pudimos haber superado una enfermedad y ser bendecidos con buena salud. Las bendiciones y los buenos tiempos van de la mano. Es fácil tener una actitud agradecida cuando las cosas van como queremos.

Pero ¿dónde están las bendiciones cuando pasamos por situaciones que no entendemos? La compañía estaba reduciendo costos, y nos despidieron. Alguien rompió la relación que teníamos. Es posible obtener bendiciones en estos tiempos difíciles de tinieblas que no obtendremos en la luz... si tenemos la actitud correcta.

Semillas de grandeza

*El Señor te enviará lluvia
para la semilla que siembres
en la tierra, y el alimento
que produzca la tierra será
suculento y abundante.*

Isaías 30:23

Todos nosotros en algún momento pasaremos por un tiempo oscuro: una enfermedad, un divorcio, una pérdida, un hijo que nos rompe el corazón. Es fácil desanimarse, renunciar a nuestros sueños y pensar que es el final. No obstante, Dios usa los tiempos oscuros. Ellos forman parte de su plan divino.

Piense en una semilla. Mientras una semilla permanezca en la luz, no puede germinar, ni jamás se convertirá en aquello para la cual fue creada. La semilla debe plantarse en el suelo, en un lugar oscuro, para que el potencial en el interior de ella cobre vida. De la misma manera, hay semillas de grandeza en nosotros, sueños, metas, talentos, potenciales, que solo cobrarán vida en un lugar oscuro.

Un lugar de preparación

Moisés fue fiel como siervo en toda la casa de Dios.

Hebreos 3:5

A través de las Escrituras vemos que cada persona que hizo algo grande pasó por tiempos oscuros. Moisés cometió un error y mató a un hombre egipcio. Pasó cuarenta solitarios años en el desierto, con la sensación de haberlo arruinado todo. Pero en ese lugar oscuro, algo se estaba formando en su vida. Estaba siendo preparado, desarrollando paciencia, humildad, fortaleza y confianza. Sin el lugar oscuro, Moisés nunca habría levantado su vara y separado el Mar Rojo. Él nunca habría sacado a los israelitas de la esclavitud, ni los habría guiado a la Tierra Prometida.

El lugar oscuro era un requisito previo para entrar en la plenitud de su destino, y también es un requisito previo para nosotros.

Aun en lugares oscuros

El Señor le ordenó [a Elías]: "Sal y preséntate ante mí en la montaña, porque estoy a punto de pasar por allí".

1 Reyes 19:11 [nota aclaratoria]

23 DE ENERO

Ester era huérfana, había perdido a sus dos padres y vivía en un país extranjero. Se sentía sola, olvidada, abandonada, en un lugar oscuro. Sin embargo, Dios la usó para ayudar a salvar al pueblo de Israel. José fue traicionado por sus propios hermanos, acusado falsamente de un crimen y puesto en prisión, en un rincón oscuro. Pero terminó gobernando toda una nación. Elías descendió de la montaña, luego de una gran victoria, a un estado oscuro de depresión tan grave que quería morir, pero es uno de los héroes de la fe.

Ellos no se dieron cuenta en ese momento, pero en esos lugares oscuros fueron bendecidos. Algo estaba sucediendo en el interior de ellos.

Acercarnos a Dios

*Acerquémonos, pues, a Dios con corazón sincero y
con la plena seguridad que da la fe…*

Hebreos 10:22

Aun amigo mío le dijeron que iba a perder la
vista, pero sorprendentemente salió de la cirugía con su visión perfectamente bien. Ahora,
todas las mañanas, se toma un tiempo para admirar a sus hijos y dar gracias.

Puede que usted no se dé cuenta, pero es
en los lugares oscuros donde su carácter se desarrolla, donde aprende a confiar en Dios y a
perseverar, y donde sus músculos espirituales se
fortalecen. En los momentos oscuros usted ora
más, se acerca a Dios y toma tiempo para callar
y escuchar lo que Él dice. En los tiempos oscuros, usted reevalúa sus prioridades, aminora el
paso y toma tiempo para su familia; así puede
apreciar, desde una nueva perspectiva, lo que
Dios le ha dado.

La aprobación de Dios

*¿Qué busco con esto: ganarme la aprobación humana
o la de Dios?... Si yo buscara agradar a otros, no
sería siervo de Cristo.*

Gálatas 1:10

Un día, una persona bien intencionada me
dijo: "Joel, escuché a un hombre hablar
negativamente sobre ti, y lamenté mucho que
dijera eso". Pero pensé para mis adentros: *No
tienes que sentir lástima por mí. Enterré a mi padre. Vi a mi madre vencer el cáncer. Aprendí a
cómo ministrar cuando todas las voces me decían
que no podía hacerlo. Puedo manejar a alguien
que no me quiere.*

Cuando usted atraviesa por tantas situaciones oscuras, ya no se queja de los pequeños in-
convenientes de la vida. No se enoje porque no
encontró un lugar de estacionamiento o se quedó
atascado en el tráfico. No se ofenda si un compañero de trabajo fue descortés con usted. Usted
ha pasado por demasiadas cosas para que esto lo
amargue. Su columna vertebral se ha convertido
en una de acero.

Confianza inquebrantable

Me alegro y me regocijo en tu amor, porque tú has visto mi aflicción y conoces las angustias de mi alma.

Salmos 31:7

Cuando atraviesa por algunos momentos oscuros, usted es fortalecido. Los momentos oscuros me han convertido en lo que soy hoy. Me agradan mejor los buenos tiempos. Prefiero que todo marche como yo quisiera, pero no fueron los buenos tiempos los que sacaron lo mejor de mí. Fueron las noches solitarias, las veces que no pensé que podía hacerlo solo, las veces que no veía el camino; fue entonces cuando aprendí cómo realmente orar, fue ahí cuando desarrollé una confianza inquebrantable en Dios, fue ahí cuando mi fe aumentó.

No se queje de los tiempos oscuros; hay una bendición en los momentos oscuros. Dios está produciendo algo en su vida que solo puede ser formado en el fuego de la aflicción.

Estirar y crecer

*Pues Dios trabaja en ustedes
y les da el deseo y el poder
para que hagan lo que a él le
agrada.*

Filipenses 2:13, NTV

Cuando mi padre murió y yo estaba tratando de aprender a ministrar la Palabra, tenía miedo de pararme frente a la gente. Había noches después de la cena cuando iba a mi clóset a orar. Si Victoria me hubiera buscado y le preguntara a los niños: "¿Dónde está su padre?", me habría encontrado en mi clóset orando.

La verdad es que nunca oré así en los buenos tiempos. No dejaba lo que estaba haciendo para acercarme a Dios cuando todo marchaba como quería. Fueron los momentos oscuros que me ayudaron a desarrollar mis músculos espirituales. Aunque no me gustaba lo que estaba pasando, fue la incomodidad lo que me obligó a estirarme y crecer. No lo cambiaría por nada. Es lo que nos hace a todos ser mejores.

28 de enero

Hierro en el alma

Afligieron sus pies con grillos; en hierro fue puesta su alma.

Salmos 105:18, JBS

Cuando José fue acusado falsamente y encarcelado durante trece años, la Escritura dice que en hierro fue puesta su alma. En esa prisión, José desarrolló la fortaleza, una perseverancia que no podría haber obtenido de ninguna otra manera. Hay algunas lecciones que solo usted puede aprenderlas en los lugares oscuros.

No se queje de lo que está pasando, de lo injusto que es, de quién le haya hecho mal. Puede ser incómodo, pero le está ayudando para su bien. Se está volviendo más fuerte; está desarrollando algo en usted que solo puede ser en la oscuridad. No puede alcanzar su máximo potencial estando en la luz todo el tiempo. No tener oposición o ningún problema o que nadie venga en su contra puede sonar bien, pero obstaculizará su crecimiento.

29 de enero

Ensanchar

*En medio de mi angustia invoqué al Señor;
el Señor me respondió y me puso en un lugar
espacioso.*

Salmos 118:5, LBLA

El rey David no se ensanchó en los buenos tiempos; se ensanchó cuando las cosas no iban como él las esperaba. Mientras estaba solo en los campos de los pastores, parecía que nunca lograría sus sueños. Pero esos años lo ayudaron a prepararse para convertirse en un campeón. Cuando mató a Goliat, fue debido a que él atravesó por lugares oscuros con una buena actitud. Cuando las cosas no salían como él quería y sentía que Dios se había olvidado de él, seguía haciendo lo correcto. Su actitud era: *Dios, este es un lugar oscuro, pero estoy desarrollando paciencia y perseverancia, y aprendiendo a confiar en ti.* En el momento correcto, salió de ese lugar oscuro ensanchado, promovido y mejor de lo que había estado antes.

A través del valle más oscuro

Aun cuando yo pase por el valle más oscuro, no temeré, porque tú estás a mi lado. Tu vara y tu cayado me protegen y me confortan.

Salmos 23:4, NTV

No es una coincidencia que David diga, en efecto: "El mismo Dios que me conduce a los verdes pastos y las aguas de reposo es el mismo Dios que me llevará a través del valle de la sombra de muerte".

Todos podemos confiar en Dios cuando descansamos en los pastos verdes y las orillas de las aguas de reposo, eso es fácil. Pero le está pidiendo que confíe en Él cuando esté en el valle oscuro. Puede sentirse solo, abandonado y maltratado, pero Dios todavía lo está guiando. Puede que no sea fácil, pero la fe es confiar en Dios cuando la vida no tiene sentido. Atrévase a creer que Él lo está bendiciendo incluso en los lugares oscuros. Crea que lo que quiso hacerle daño ayudará a su favor.

Hasta rebosar

Tú preparas mesa delante de mí en presencia de mis enemigos; has ungido mi cabeza con aceite; mi copa está rebosando.

Salmos 23:5, LBLA

David dice que después de atravesar el valle más oscuro, Dios le preparará una mesa en presencia de sus enemigos. Tiene que pasar por la soledad, la enfermedad, la traición, antes de obtener esa nueva unción, ese nuevo comienzo. Tiene que atravesar el trabajo donde no lo están tratando bien, la lucha, la carencia, la deuda, antes de llegar a donde su copa rebosa.

Con demasiada frecuencia queremos el rebosamiento pero no el valle. En los lugares oscuros es donde se revela de qué estamos hechos en realidad. ¿Puede Dios confiarle más de su favor, una mayor influencia y más recursos? Tiene que ser fiel en el campo pastoril, donde no será a su manera.

Nuevos comienzos

"Olviden las cosas de antaño; ya no vivan en el pasado. ¡Voy a hacer algo nuevo!... Estoy abriendo un camino en el desierto, y ríos en lugares desolados".

Isaías 43:18-19

1 DE FEBRERO

Cuando mi padre pasó a morar con el Señor en 1999, ese fue el mayor desafío al que jamás me había enfrentado: fue un lugar oscuro. Cuando se atraviesa una pérdida, es fácil desanimarse y sentir como si Dios lo decepcionara y que nunca más vendrán días buenos. Sin embargo, aprendí que cada vez que algo muere en mi vida, algo más está cobrando vida. Pareciera un final, pero Dios tiene un nuevo comienzo. Perdió un trabajo o un cliente importante, pero Dios tiene nuevas oportunidades y nuevos niveles para usted. Si atraviesa el valle confiando, creyendo y sabiendo que Dios tiene el control, se sentará a la mesa preparada para usted, recibirá la unción fresca y el aumento hasta que su copa rebose.

Sorprendido con su bondad

Pero de una cosa estoy seguro: he de ver la bondad del Señor en esta tierra de los vivientes.

Salmos 27:13

2 DE FEBRERO

Es posible que tenga muchas preguntas sobre por qué sucedieron ciertas cosas en su vida. Piense en esto: un signo de exclamación es simplemente un signo de interrogación enderezado. Si quiere que Dios convierta sus signos de interrogación, las cosas que no entiende, en signos de exclamación, debe confiar en Él. En lugar de preguntarse por qué sucedió algo, atrévase a decir: "Dios, yo sé que todavía estás en el trono. Puede que no entienda este valle en el que estoy, pero sé que al otro lado está mi signo de admiración. La mesa ya está preparada; una unción fresca viene con aumento, promoción y un nuevo nivel". Si usted atraviesa sus lugares oscuros así, verá que el signo de interrogación se convirtió en un signo de exclamación. Dios lo sorprenderá con su bondad.

El signo de exclamación

Así que el Señor bendijo a Job en la segunda mitad de su vida aún más que al principio.

Job 42:12, NTV

Puede que esté en un momento oscuro en este momento. Ha pasado por una ruptura, y está herido, solo, preguntándose si alguna vez será feliz de nuevo. Puedo decirle de primera mano que si sigue adelante, honrando a Dios, Él traerá a alguien a su vida que es mejor de lo que imaginó. La última parte de su vida será mejor que la primera parte. Dios tiene un signo de exclamación esperándole.

Tal vez esté lidiando con una enfermedad grave. Mantenga la fe, el signo de exclamación viene. Mi madre fue diagnosticada con cáncer terminal, y treinta y ocho años después, todavía está sana y fuerte. Eso está bien, pero aquí está el signo de exclamación. Todas las semanas, ella va al hospital a orar por otras personas enfermas. Es Dios haciéndole pagar al enemigo.

Imparable

El que abre brecha marchará al frente, y también
ellos se abrirán camino; atravesarán la puerta y se
irán... el Señor va a la cabeza.

Miqueas 2:13

Quizá está en un momento oscuro en cuanto
a sus finanzas. Tuvo un revés o perdió un
cliente, y se pregunta: *¿Alguna vez mejorará?* Sí,
al otro lado de ese valle encontrará su copa rebo-
sante: aumento, abundancia, un nuevo nivel de
su destino. Es posible que haya estado en ese valle durante mucho tiempo, pero está a punto de
avanzar. No deje de creer. Recupere su pasión,
porque Dios no lo trajo hasta aquí para dejarlo.

La gente no determina su destino, pero
Dios sí. Las malas rachas no pueden detenerlo.
Dios tiene la última palabra. Si atraviesa los
lugares oscuros con una buena actitud y sigue
haciendo lo correcto, verá la bondad de Dios.

Bendición en la partición

Tomó [Jesús] los cinco panes y los dos pescados y, mirando al cielo, los bendijo. Luego partió los panes…

Mateo 14:19 [nota aclaratoria]

Cuando Jesús estaba a punto de alimentar a una multitud de miles de personas, "partió los panes", y el pan se multiplicó. Note que la bendición fue en la partición. Cuanto más lo partía, más se multiplicaba.

Hay momentos en la vida en que nos sentimos hechos pedazos: tenemos sueños rotos, un corazón quebrantado. Cuando se sienta así, no se amargue, no se rinda en sus sueños. Ese quebrantamiento no es el final; es una señal de que Dios está a punto de multiplicar. Es posible que ese quebrantamiento haya tenido la intención de detenerle, pero si mantiene la fe, Dios lo usará para su aumento. El dolor que siente es real, pero la verdad es que lo está preparando para Dios aumentarle.

Al otro lado

*Todos comieron hasta quedar
satisfechos, y los discípulos
recogieron doce canastas llenas
de pedazos que sobraron.*

Mateo 14:20

Jesús tomó el almuerzo de un niño, y mientras partía los panes, éstos se multiplicaron y alimentaron a una gran multitud, quedando cestas llenas de sobras.

Si ha tenido muchas malas rachas, anímese. Mientras más lo partan, más Dios lo aumentará. Mientras mayor sea la decepción, mayor es la bendición. Mientras más lo lastimen, más Él lo recompensará. El quebrantamiento es solo temporal. No se acople, ni se acomode en el valle, porque el valle no es su hogar. El Pastor lo está guiando a través del valle. Al otro lado está la abundancia, la plenitud de gozo, las buenas relaciones, la salud y la integridad, y los sueños se realizarán.

7 de febrero

Potencial liberado

"Tomó luego semilla de aquel país y la plantó en terreno fértil... La semilla germinó y se hizo una vid frondosa, de poca altura...".

Ezequiel 17:5-6

Puede que tenga una semilla en su escritorio por toda la vida, pero nunca llegará a ser aquello para lo cual se creó hasta que la plante en la tierra. Mientras esté en el escritorio, donde está cómoda, el potencial de la semilla permanecerá encerrado internamente. Solo después de plantarla y pasar por el proceso de germinación, cuando la capa externa se rompe y comienza el nuevo crecimiento, es que florecerá y dará mucho fruto. El problema con muchas personas es que quieren la fruta, pero no quieren pasar por el proceso. No quieren pasar por el estiramiento o enfrentar la adversidad, la oposición o la traición. Pero sin el lugar oscuro, su potencial permanecerá atrapado dentro.

8 de febrero

Plantado, no enterrado

"...si el grano de trigo no cae en tierra y muere, se queda solo. Pero, si muere, produce mucho fruto".

Juan 12:24

Si le preguntara a una semilla que va a plantarse, estoy seguro de que diría: "No quiero que me echen tierra. Es oscuro, solitario e incómodo". La semilla se siente como si la hubieran enterrado, como si fuera el final; pero lo que ella no comprende es que no está enterrada, está plantada. Ella tiene la vida del Dios Todopoderoso en su interior. Ese lugar oscuro es una parte crítica del proceso. Una vez que germina y crece, en lugar de ser una pequeña semilla enterrada, termina siendo una hermosa flor, que florece y da mucho fruto. Si le preguntara a la flor cuando floreció completamente, diría: "No me gustó el lugar oscuro, pero me doy cuenta ahora que fue una bendición. Mira lo que sacó de mí. ¡Mira en lo que me he convertido!".

Nuevo, nuevo, nuevo

Esto significa que todo el que pertenece a Cristo se ha convertido en una persona nueva. La vida antigua ha pasado; ¡una nueva vida ha comenzado!

2 Corintios 5:17, NTV

Habrá momentos en la vida en que se sienta como si estuviera enterrado, y los pensamientos le dirán: *Has visto tus mejores días. Ese despido arruinó tu carrera. Ese divorcio manchó tu futuro.* Tenga una nueva perspectiva. Usted no está enterrado; está plantado. Si nunca pasara por el lugar oscuro, de soledad, desilusión, pérdida, nunca descubriría lo que hay adentro. Su potencial está a punto de ser liberado. Saldrá mejorado, más fuerte, florecido y dando mucho fruto. Cuando siente que algo está muriendo, está oscuro, siente la presión de la tierra, no ve una salida, eso es señal de que algo nuevo está a punto de cobrar vida: nuevo crecimiento, nuevos talentos, nuevas oportunidades.

*Las semillas que cayeron en
la buena tierra representan
a los que de verdad oyen
y entienden la palabra
de Dios, ¡y producen una
cosecha treinta, sesenta y
hasta cien veces…!*

Mateo 13:23, NTV

Cuando mi padre pasó a morar con el Señor, me sentí como si estuviera enterrado. Pero en ese momento oscuro, cuando algo se estaba muriendo, Dios estaba dando a luz algo nuevo. Fue entonces cuando descubrí los dones y talentos que yo no sabía que tenía. No me gustó el proceso, pero eso fue lo que me hizo florecer.

En lugares oscuros como ese tiene que recordar que, a pesar de que sienta como si algo estuviera muriendo, algo más está cobrando vida. No está enterrado; está plantado. Cuando germine, dará mucho fruto. Mi desafío es que esté dispuesto a pasar por el proceso. No luche contra los lugares oscuros. Está ahí para resaltar la grandeza que tiene adentro.

Temporadas nocturnas

No nos cansemos, pues, de hacer bien; porque a su tiempo segaremos, si no desmayamos.

Gálatas 6:9, RVR1960

Hay momentos en nuestras vidas en que estamos orando y creyendo, pero no vemos nada cambiar. Todavía estamos lidiando con el mismo problema. Podemos sentirnos solos, olvidados, como si nuestra situación nunca fuera a cambiar. Es una temporada nocturna. No podemos ver lo que Dios está haciendo, pero Dios está obrando entre bastidores. Él hace su mejor trabajo en la oscuridad.

En los tiempos oscuros, debe recordarse a sí mismo que Dios todavía tiene el control. El hecho de que no vea que sucede nada no significa que Dios no esté obrando. Él no siempre le muestra lo que hace. Debe aprender a confiar en Él en las temporadas nocturnas cuando las cosas no van bien y ve que nada sucede.

Atrévase a confiar en Él

Cuando mi espíritu desmayaba dentro de mí, tú conociste mi senda.

Salmos 142:3, LBLA

Siendo un hombre joven, David derrotó a Goliat. Fue una gran victoria. Pero después de eso pasó años escapando del rey Saúl, escondiéndose en cuevas y durmiendo en el desierto. Estoy seguro de que oró: "Dios, líbrame de Saúl. Esto no está bien". Pero fue como si los cielos callaran. Dios no hizo nada al respecto. Era una temporada nocturna, un tiempo de prueba, un tiempo de calificación. Podemos elegir ser negativos y vivir desanimados, o podemos elegir decir: "Dios, no lo entiendo, pero confío en ti. Sé que no eres solo el Dios del día, sino también el Dios de las temporadas nocturnas".

Es posible que no vea nada sucediendo, pero Dios está obrando. Atrévase a confiar en Él. Siga avanzando en la fe, siga creyendo.

A la mañana vendrá la alegría

Por la noche durará el lloro, y a la mañana vendrá la alegría.

Salmos 30:5, RVR1960

En las Escrituras, Rut perdió a su esposo a una edad joven. Ella estaba devastada, desconsolada. Podría haber renunciado a la vida y haber vivido en autocompasión. Pero ella entendió este principio: las temporadas nocturnas no son el final. Rut se encontró con otro hombre. Se enamoraron, se casaron y tuvieron un hijo. Su historia no terminó en la oscuridad.

Cuando las cosas no estén funcionando y sienta que está yendo en la dirección equivocada, no se desanime, porque Dios todavía no la ha cambiado. Su historia no termina en la noche. Las malas rachas, decepciones, pérdidas y enfermedades son simplemente pasos adicionales en el camino hacia su destino. Es solo cuestión de tiempo antes de que surja la mañana.

La lluvia cae para todos

Hubo un hombre en la tierra de Uz llamado Job; y
era aquel hombre intachable, recto, temeroso de Dios
y apartado del mal.

Job 1:1, LBLA

Al igual que otros héroes de la fe del Antiguo Testamento, Job pasó por una temporada nocturna. Era feliz, saludable y exitoso, pero de la nada le llegó una enfermedad muy dolorosa. Perdió su negocio y perdió a sus hijos e hijas. Todo su mundo estaba al revés. Lo interesante es que Job amaba a Dios. Él era una persona de excelencia e integridad. Todo lo que le sucedió tendría más sentido si hubiera sido una persona que no honraba a Dios.

Pero las Escrituras dicen que Dios envía la lluvia sobre los justos y los injustos (ver Mateo 5:45). Solo porque usted sea una buena persona no significa que no tendrá algunas temporadas nocturnas. Significa que está recibiendo algo de lluvia. Sin la lluvia no podría crecer.

No agrande el problema

"A mí también me ha tocado vivir meses en vano, largas y pesadas noches de miseria".

Job 7:3, NTV

Job hizo lo que muchos de nosotros hacemos en los tiempos difíciles, tiempos duros y desgarradores. Se centró en el problema, agrandó lo que estaba mal y dejó que lo abrumara. Job estaba diciendo: "Así es como termina mi historia. Nunca más experimentaré placer. Me han asignado noches de miseria". El error que cometió fue pensar que eso era permanente.

Lo que usted está pasando puede ser difícil, pero la buena noticia es que lo está pasando. No es su destino final. Es una temporada nocturna, no una vida nocturna. Dios no lo hubiera permitido si fuera a mantenerlo alejado de su destino. Él le tiene en las palmas de sus manos. Él ya tiene la solución, y el avance se dirige hacia usted.

Ría de nuevo

16

"Pondrá de nuevo risas en tu boca, y gritos de alegría en tus labios".

Job 8:21

En la hora más oscura de Job, cuando más desanimado estaba, Dios le dijo a través de uno de sus amigos: "Job, esto se ve mal. No lo entiendes, pero no te preocupes. No es permanente. Es solo una temporada. Estoy a punto de llenar tu boca de risa".

Dios le está diciendo a usted lo mismo que le dijo a Job. Puede que la vida no haya sido justa, pero no vivirá desanimado, agobiado por los problemas o las enfermedades. La alegría viene. La salud viene. Se avecinan avances. La promoción viene. Dios está a punto de llenar su boca de risa. Eso significa que Dios hará algo tan inusual, tan extraordinario, que le sorprenderá tanto, que todo lo que podrá hacer es reírse. Su luto se convertirá en baile.

Lecturas diarias tomadas de Todas las cosas les ayudan a bien | 57

17 de febrero

Días grandiosos por delante

Después de estos sucesos, Job vivió ciento cuarenta años. Llegó a ver a sus hijos, y a los hijos de sus hijos, hasta la cuarta generación. Disfrutó de una larga vida y murió en plena ancianidad.

Job 42:16-17

Job no solo sobrevivió a la temporada nocturna, sino que Dios le restauró el doble de lo que había perdido. Salió con el doble de bueyes, ovejas, camellos y asnos. Se sintió doblemente saludable. Dios siempre hace que el enemigo pague por causarnos los problemas. Si mantiene la fe, no solo saldrá, sino que saldrá mejor que antes.

Cuando pensamos en Job, solemos pensar en todo su sufrimiento. La verdad es que esa fue solo una temporada. Puede que usted esté pasando un momento oscuro, pero, al igual que Job, lo atravesará y seguirá viviendo una vida larga y bendecida. Dice que después de esto, Job vivió 140 años. Después de la temporada de la noche, después de la decepción o la pérdida, todavía quedan muchos días por delante.

18 de febrero

Después

"Pero ustedes, ¡manténganse firmes y no bajen la guardia, porque sus obras serán recompensadas!"

2 Crónicas 15:7

Mi padre pasó por una temporada nocturna. Él se casó muy joven y, desafortunadamente, el matrimonio no funcionó. Cuando fracasó, estaba tan devastado que renunció a su iglesia y le dijeron que nunca volvería a ser pastor. La buena noticia es que las personas no determinan su destino; Dios es quien lo hace. Dos años después, regresó al ministerio y luego se casó con mi madre. Tuvieron cinco hijos y estuvieron casados por casi cincuenta años. Comenzaron la iglesia Lakewood y pastorearon durante cuarenta años, impactando el mundo. Todo esto sucedió *después* de la temporada nocturna. Luego vivió una vida larga, bendecida y llena de fe.

No deje que las temporadas nocturnas le convenzan de que ha visto sus mejores días. No estaría vivo a menos que Dios no tuviera algo increíble frente a usted.

Todo está bien

«...y pregúntale: "¿Están
todos bien, tú, tu esposo y
tu hijo?"». «Sí—contestó
ella—, todo está bien».

2 Reyes 4:26, NTV

En los tiempos oscuros, es fácil hablar sobre las dificultades y exagerar nuestros problemas. Todo lo que esto conseguirá es desanimarle más y robarle su alegría. En lugar de quejarse, lo mejor que puede decir es: "Todo está bien". Cuando dice: "Todo está bien", lo que en realidad está diciendo es: "Dios todavía está en el trono, y yo no voy a vivir sintiéndome enojado, amargado o culpable. Esta noche pasará". Alguien puede decir: "Bueno, pensé que el informe médico no era bueno". Y usted responde: "Sí, eso es cierto, pero todo está bien. Dios me está restableciendo la salud".

Todos los días que usted se mantiene creyendo en fe y con una buena actitud a pesar de la oscuridad, está pasando la prueba. La temporada nocturna pasará.

La luz resplandece

Luz resplandece en las tinieblas para el que es recto...

Salmos 112:4, RVR1960

Después de la lectura de ayer, tal vez se ha preguntado: *¿Cómo puedo decir "todo está bien" cuando perdí a un ser querido o perdí mi trabajo?* Puede decirlo porque sabe que la temporada nocturna es temporal. Sabe que el gozo llegará. Sucederá de repente, inesperadamente; no lo verá venir. Se despertó, y todavía estaba oscuro. Nada ha cambiado, pero de repente, obtiene el avance que necesita. De repente, su salud cambia. De repente, se encuentra con la persona adecuada. La luz resplandece.

Ahora, no vaya a sentirse miserable. Que salga de su boca un informe de victoria. Si va a magnificar algo, no agrande sus problemas; magnifique a su Dios. Hable sobre su grandeza, hable sobre su favor. Dios está diciendo: "Todo está bien".

Elévese más

Moisés era muy humilde, más humilde que cualquier otro sobre la tierra.

Números 12:3

En la lectura del 22 de enero, vimos que Moisés cometió un error que lo puso en una temporada nocturna. Cuarenta años después del error de Moisés, Dios dijo: "Muy bien, Moisés, ahora estás listo para que yo te use para librar a mi pueblo". En ese lugar desértico, Moisés había aprendido a esperar a Dios, escuchar su voz, caminar en humildad. Él se elevó más en su carácter.

Cualquier cosa que Dios haya comenzado en su vida, Él la terminará. Él ya ha tenido en cuenta cada mal paso y error en su vida. Puede que sienta como que todo se acabó, pero la verdad es que es un tiempo de prueba, un tiempo de validar, cuando su carácter se está desarrollando. Dios lo está preparando para donde lo llevará.

Pasar las pruebas

Tú, oh Dios, nos has puesto a prueba; nos has purificado como a la plata.

Salmos 66:10

Tiene que estar preparado para donde Dios lo está llevando. Moisés no pudo soportarlo la primera vez. Cometió un error y tuvo que huir, pero Dios no lo descartó. Usó la temporada nocturna para refinarlo. En los tiempos difíciles, tenemos que mantenernos flexibles, permanecer sensibles, y decir: "Dios, hazme y moldéame. Muéstrame dónde necesito cambiar". Usted crece en los tiempos difíciles.

En las temporadas nocturnas, necesita pasar las pruebas, cambiar lo que necesite cambiar y ocuparse de las áreas que Dios está sacando a la luz. Entonces, como lo hizo con Moisés, por cuanto su carácter ha sido desarrollado, Dios lo sacará de esa temporada nocturna y lo llevará a donde se supone que debe estar.

Haga lo correcto

"En cuanto a mí, ¡que el Señor me libre de alzar la mano contra su ungido!"

1 Samuel 26:11

Cuando Saúl perseguía a David por el desierto, David tuvo varias oportunidades de matar a Saúl. Él podría haber tomado la vida de Saúl y deshacerse de su problema, por así decirlo. Pero David no lo haría. Él sabía que Saúl había sido ungido por Dios. Después de pasar estas pruebas, después de que David le mostró a Dios que era un hombre de carácter, integridad y perdonador, Dios se ocupó de Saúl y David fue nombrado rey.

En las temporadas nocturnas, necesita demostrarle a Dios que hará lo correcto aun cuando sea difícil, y que perdonará a quienes les hayan hecho daño. Solo podemos desarrollar algunas cosas en la oscuridad. Sin las temporadas nocturnas, no nos convertiríamos en todo lo que Dios nos creó para ser.

Transformación

*No se amolden al mundo actual, sino sean
transformados mediante la renovación de su mente.*

Romanos 12:2

Una oruga puede estar bien, pero en el fondo algo le dice: "Fuiste hecha para volar". Se emociona, pensando: *¡Sí, así es!* Luego se mira en el espejo y dice: "Eso es imposible. Solo soy un gusano glorificado". Pero un día, la oruga teje un capullo a su alrededor. Es oscuro. No se puede mover ni comer. Si hablara con el capullo, diría: "Déjame volver a ser una oruga. Estoy incómodo. Es oscuro. Es solitario". Lo que no entiende es que está sucediendo una transformación en la oscuridad. En poco tiempo comienza a sentir algunas alas, y luego obtiene la fuerza para salir de ese capullo. Ahora, en lugar de arrastrarse por el suelo, es una hermosa mariposa que flota en el aire.

Cosas más elevadas

Así, todos nosotros, que con el rostro descubierto reflejamos como en un espejo la gloria del Señor, somos transformados a su semejanza con más y más gloria…

2 Corintios 3:18

Hay temporadas nocturnas cuando Dios nos incuba como hace la oruga en su capullo. En los lugares oscuros se está produciendo una transformación. Está creciendo, está siendo refinado; así que siga recordándose que sus alas se están desarrollando. Está a punto de subir a un nuevo nivel. No se arrastrará más, no habrá más vida mediocre. Usted fue hecho para cosas más elevadas.

Puede que esté en una temporada nocturna, pero por fe puedo ver un ala que sale de su capullo. Este no es momento para desanimarse; está a punto de convertirse en una hermosa mariposa y despegar en vuelo. Está a punto de ir a lugares que nunca ha soñado. Mantenga una buena actitud; todo es parte del proceso. Dios lo está cambiando de gloria en gloria.

En lugares desérticos

Al despertar Jacob de su sueño, pensó: «En realidad, el Señor está en este lugar, y yo no me había dado cuenta».

Génesis 28:16

FEBRERO
26

Jacob fue un engañador. Usted pensaría que Dios no tendría nada que ver con él. Pero Dios sigue trabajando con nosotros y mostrándonos su misericordia. Una noche, mientras Jacob estaba en una larga jornada por el desierto y en un lugar difícil, estoy seguro de que pensó que Dios se había olvidado de él. Mientras dormía, tuvo un sueño en el que vio al Señor parado en lo alto de una enorme escalera y le decía: "Jacob, te protegeré dondequiera que vayas. Estaré contigo continuamente hasta que te dé todo lo que te he prometido". Cuando Jacob se despertó, estaba asombrado. Lo interesante es que Jacob estaba en el desierto. Con esto, Dios nos muestra que Él es el Dios de los lugares difíciles, de los momentos solitarios, de las temporadas nocturnas.

27 de febrero

Dondequiera que vaya

"Yo estoy contigo. Te protegeré por dondequiera que vayas... No te abandonaré hasta cumplir con todo lo que te he prometido".

Génesis 28:15

Al igual que Jacob en la lectura de ayer, puede que usted esté en un lugar difícil en este momento. Quizá esté librando una batalla en su salud, lidiando con la depresión o criando a un niño con necesidades especiales. Se siente solo, olvidado y desanimado. Dios está con usted, y, como pasó con Jacob, creo que los cielos están a punto de abrirse. Dios hará que sucedan cosas que usted jamás las habría logrado. Su salud va a mejorar. Romperá esa adicción. Las personas correctas llegarán. Se unirá a Jacob y dirá: "¡El Señor está en este lugar! El Señor me sanó de cáncer"; "El Señor me liberó de la depresión"; "El Señor bendijo mi negocio". No parará hasta que Él le haya dado todo lo que le ha prometido.

28 de febrero

Turnos de noche

Jamás duerme ni se adormece el que cuida de Israel.

Salmos 121:4

Has escuchado la frase *el turno de noche*. Se refiere a las personas que trabajan durante la noche. Pero piense en ello de otro modo. Por la noche, las cosas cambiarán. La escritura dice que Dios nunca duerme. Él no solo trabaja el turno de noche, sino que torna las cosas en la noche. Es posible que esté en una temporada nocturna, y es posible que no vea cómo las dificultades que enfrenta puedan resolverse. No se preocupe; Dios se especializa en cambiar las cosas en la oscuridad. El Dios que trabaja el turno de noche tornará las situaciones a su favor. Habrá un giro en su salud, un giro en sus finanzas, un giro con esa adicción. Piensa que lo tendrá durante años. Parece permanente. No, prepárese para un turno de noche.

A la medianoche

*A eso de la medianoche,
Pablo y Silas se pusieron
a orar y a cantar himnos
a Dios… De repente se
produjo un terremoto tan
fuerte que…a los presos se
les soltaron las cadenas.*

Hechos 16:25-26

Pablo y Silas habían estado difundiendo las
buenas nuevas en la ciudad de Filipos, por lo
que habían sido golpeados con varas y puestos en
el calabozo de la prisión. Pero a la medianoche,
mientras cantaban alabanzas a Dios, de repente
hubo un gran terremoto. Las puertas de la prisión
se abrieron y las cadenas se soltaron. Los presos
salieron como hombres libres. ¿Cuando sucedió?
A la medianoche. Fue solo otro cambio nocturno
para el Dios que trabaja el turno de noche.

Las cosas pueden parecer permanentes en
su vida: la adicción, la enfermedad, los ataques
de pánico, la necesidad y las luchas. Los pensamientos le dirán: *Siempre tendrá que lidiar con
eso.* No crea esas mentiras. Está en una temporada nocturna, lo que significa que está en una
posición perfecta para un turno de noche.

Mientras duerme

Entonces Dios el SEÑOR hizo que el hombre cayera en un sueño profundo y, mientras este dormía, le sacó una costilla...

Génesis 2:21

Adán estaba solo en el Jardín del Edén. La vida era buena. Le estaba poniendo nombre a los animales, disfrutando el río cristalino, los árboles hermosos, la fruta deliciosa. No había problemas. Adán no pensaba que le podría ir mejor. Pero Dios no quería que viviera solo, así que lo puso en una temporada nocturna, le quitó una costilla y la usó para crear a una mujer. Cuando Adán despertó y vio a Eva, me imagino que lo primero que dijo fue: "¡Caramba, Dios, esto sobrepasa a todo lo que has hecho!". Pero estoy seguro de que no había entendido por qué Dios lo había dormido cuando la vida parecía perfecta. Si Dios no nos durmiera, por así decirlo, nunca veríamos la plenitud de lo que Él tiene reservado para nosotros.

Cuando despierte

*Y nuestro Señor derramó
abundantemente su gracia
sobre mí...*
1 Timoteo 1:14, DHH

Dios puso a Adán en un sueño profundo, y puede que usted sienta como si Dios lo hubiera puesto a dormir. Las cosas se han aguantado. Está en una situación desafiante. Anímese porque los lugares oscuros lo están llevando a las cosas increíbles que Dios tiene reservadas. Puede que no lo entienda, pero Dios no lo habría permitido si no fuera a usarlo para su beneficio. En este momento, Dios está obrando entre bastidores. Él ve con lo que está luchando y sabe cómo se siente. Cuando despierte y vea lo que Dios ha estado haciendo, lo primero que usted dirá es: "¡Caramba, Dios, nunca me imaginé que me traerías hasta aquí!"; "¡Nunca pensé que estaría tan saludable de nuevo!". Prepárese, porque Dios tiene algunas *maravillas* en su futuro.

Frustraciones secretas

"... no desmayes, porque yo soy tu Dios que te esfuerzo; siempre te ayudaré, siempre te sustentaré con la diestra de mi justicia".

Isaías 41:10, RVR1960

3 DE MARZO

Todos tenemos frustraciones secretas, cosas que sabemos que Dios podría cambiar. Sabemos que Él podría abrir la puerta, o eliminar la tentación, o darnos la sanidad, pero no está sucediendo. Es fácil atascarse con las preguntas de "por qué".

Debemos darnos cuenta de que Dios es soberano. No vamos a entender por qué las cosas suceden o no suceden. Dios no remueve todas las cosas. Él toma un buen tiempo para cambiar algunas situaciones. Tiene que confiar en que Él sabe lo que es mejor para usted. Si mantiene la actitud correcta, todas esas situaciones frustrantes que no cambian no irán en su contra, sino que ayudarán para su bien. No deje que las contradicciones de la vida le hagan sentir mal y renunciar a sus sueños.

Gracia accesible

Pero él me dijo: "Te basta con mi gracia, pues mi poder se perfecciona en la debilidad".

2 Corintios 12:9

El apóstol Pablo habló sobre su frustración secreta, a la que llamó "una espina en la carne". Los eruditos han debatido si era una condición física como una enfermedad, u otra cosa. Lo que haya sido que le molestaba, Pabló oró tres veces para que Dios lo quitara. Una traducción de la Biblia dice que él le "rogó" a Dios para que lo quitara. Eso implica que Pablo le ofreció su mejor argumento. "Dios, te he servido. He hecho mi mejor esfuerzo. He orado por otros, y han sido sanados. Dios, por favor, quítame esto". Pero lo interesante es que Dios nunca removió esa espina. Más bien, la respuesta de Dios fue: "Mi gracia es accesible. Es suficiente para ti. Eres capaz de disfrutar tu vida a pesar de esta frustración secreta".

Si nunca cambia

Aunque… ni haya frutos en las vides… aun así, yo me regocijaré en el SEÑOR, ¡me alegraré en Dios, mi libertador!

Habacuc 3:17-18

¿Hay algo que le haya implorado a Dios que cambie, quizá alguna situación con su salud, sus finanzas, o una relación? Usted ha pedido una y otra vez, pero nada ha mejorado. No estoy diciendo que renuncie y permanezca en ese lugar oscuro. Lo que estoy diciendo es que, si Dios no lo está removiendo o cambiándolo, no permita que eso le robe su alegría. Dios le ha dado la gracia de estar allí. La actitud correcta es: *No voy a dejar que esto me frustre más. Dios, sé que tu gracia es suficiente para mí. Tengo el poder de estar aquí con una buena actitud. Creo que en el momento oportuno tú lo cambiarás; pero si nunca cambia, seguiré haciendo lo mejor posible y te honraré.*

No se estanque

6

A pesar de todo, Señor, tú eres nuestro Padre; nosotros somos el barro, y tú el alfarero. Todos somos obra de tu mano.

Isaías 64:8

Cuando tenga una frustración secreta, no se concentre en eso. Cuando nos preguntamos por qué Dios no ha cambiado algo, nos quedamos atrapados en los porqués de la vida y no podemos cumplir nuestro destino. La fe es confiar en Dios cuando la vida no tiene sentido.

Si desea alcanzar su máximo potencial, no puede ser un debilucho. Tiene que ser un guerrero. Habrá cosas que no entenderá, pero Dios sabe lo que está haciendo. Sus caminos son mejores que nuestros caminos. Sus pensamientos son más altos que nuestros pensamientos. Él es el Alfarero, y nosotros somos el barro. Si hubiera algo que debe eliminarse, Él lo eliminará. Si no, afírmese bien y pelee la buena batalla de la fe. Usted tiene la gracia que necesita para cada situación.

Recordatorios de gracia

Jesús le dijo: Levántate, toma tu lecho, y anda.

Juan 5:8, RVR1960

Cuando Jesús sanó a un hombre que había estado paralítico por treinta y ocho años, le dijo que tomara su camilla con él aunque ya no la necesitaría. Pero Jesús estaba diciendo: "Toma lo que te retuvo durante años contigo como un recordatorio de lo que he hecho en tu vida". Era una aparente contradicción. Puedo imaginarlo ayudando a alguien más que estaba luchando. Ellos dirían: "¿Cómo puedes ayudarme? Todavía estás cargando con esa cosa que te retuvo". El hombre respondería: "Esto no es una limitación para frenarme. Es un testimonio de lo que Dios ha hecho en mi vida. Me recuerda darle la alabanza a Dios. Me recuerda el lugar oscuro del que me sacó, y que si lo hizo por mí una vez, lo hará por mí otra vez".

8 de marzo

Fortaleza en la debilidad

...porque, cuando soy débil, entonces soy fuerte.

2 Corintios 12:10

Cuando comencé en el ministerio, yo era inseguro y tímido, y me sentía descalificado. Con el paso de los años, he tenido más confianza y entiendo mejor quién soy. Pero cuando me levanto para hablar, todavía siento algunas de las limitaciones y debilidades del pasado. Sin embargo, los veo bajo una nueva luz. Ahora no me intimidan; más bien, me recuerdan mi dependencia de Dios.

Lo que estoy diciendo es que aunque Dios lo libera de ciertas cosas, igual puede tener su camilla como el hombre sanado en la lectura de ayer. La debilidad, la limitación, pueden que no desaparezcan por completo. Dios quiere que recuerde de dónde viene. Esa camilla no está allí para desanimarlo, sino para inspirarlo.

9 de marzo

No se alabe

Y el SEÑOR dijo a Gedeón: El pueblo que está contigo es mucho...para que no se alabe Israel contra mí, diciendo: Mi mano me ha salvado.

Jueces 7:2, JBS

Cuando comencé en el ministerio, con mi inseguridad, Dios no me convirtió en una persona diferente. La razón por la que Él no siempre elimina todas sus debilidades es que usted terminaría creyendo que puede hacerlo por su cuenta y pensar que lo tiene todo resuelto; así terminaría justo donde estaba. Pero si ve su debilidad, su tentación, como un recordatorio para pedirle a Dios su ayuda y agradecerle por lo que Él ha hecho, continuará avanzando a pesar de lo que venga en su contra. Puedo decir ahora: "Sí, tengo mis debilidades, pero estoy pastoreando a la iglesia. Tengo mis limitaciones, pero estoy ayudando a otras personas. Tengo mis tentaciones, pero estoy disfrutando la vida, y estoy sano, completo y bendecido".

Él sabe lo que necesita

"Oh Señor, no tengo facilidad de palabra; nunca la tuve, ni siquiera ahora que tú me has hablado. Se me traba la lengua y se me enredan las palabras".

Éxodo 4:10, NTV

Cuando Dios le dijo a Moisés que fuera a decirle al faraón que dejara ir al pueblo de Israel, Moisés estaba inseguro y no se sentía calificado. Sin embargo, Dios le mostró a Moisés señales milagrosas para que él entrara a la corte del faraón con confianza, sabiendo que Dios estaba con él.

Pero Moisés tenía otra preocupación. Él dijo: "Dios, no puedo presentarme ante el faraón porque tengo un problema del habla". Debido a que Dios acababa de hacer todos esos milagros, usted habría pensado que simplemente tocaría la lengua de Moisés y le quitaría la tartamudez. Pero Dios no eliminó ese problema. Dios le estaba diciendo a Moisés lo que le dijo a Pablo: "Mi fortaleza se perfecciona en tu debilidad. Si tuviera que quitarlo para que cumplas tu destino, ya lo habría hecho".

11

*Al de carácter firme lo
guardarás en perfecta paz,
porque en ti confía.*

Isaías 26:3

¿Está esperando que Dios elimine una frustración o debilidad secreta antes de poder
ser feliz, antes de poder perseguir un sueño,
terminar la escuela o ser bueno con alguien?
Usted tiene lo que necesita. Si Dios no lo está
quitando, no es un accidente. Si Él no está cambiando lo que usted quiere cambiar, hay una
razón. Puede que no pueda verlo, puede que no
le haga sentido, pero debe confiar en Él. Dios
tiene en mente lo mejor que le conviene.

No se supone que deba vivir frustrado porque el problema no está cambiando. No viva
estresado porque un familiar no está haciendo
lo correcto ni se sienta molesto porque no ha logrado realizar aún su sueño. Regrese al remanso
de paz.

Aparentes contradicciones

Pero tenemos este tesoro en vasos de barro, para que la excelencia del poder sea de Dios, y no de nosotros.

2 Corintios 4:7, RVR1960

La escritura habla de cómo tenemos un tesoro "en vasos de barro". Sin embargo, todos nosotros tenemos imperfecciones dentro de nuestros vasos de barro, aparentes contradicciones. Hay algo que no está siendo removido o cambiado, que fácilmente podría irritarnos y hacernos vivir frustrados. ¿Qué es en su caso? Tal vez diga: "Si no tuviera este dolor de espalda o este problema de peso, sería feliz". Podría ser un compañero de trabajo que lo desespera. Para algunas personas pueden ser el dolor de una infancia difícil, y más tarde un divorcio.

Sea lo que sea, Dios le está diciendo: "Mi gracia es suficiente. Deja de pelear. No permitas que te robe tu gozo. Cuando yo quiera eliminarlo, lo haré; pero hasta entonces, bástate mi gracia. Confía en mí".

Solo Dios conoce

Y para que la grandeza de las revelaciones no me exaltase desmedidamente, me fue dado un aguijón en mi carne…

2 Corintios 12:7, RVR1960

13 DE MARZO

Si Dios no elimina una frustración en su vida, hay una razón. Nada sucede por accidente. Pablo pensó que el aguijón en su carne era evitar que se enorgulleciera, para evitar que se exaltara debido a las grandes revelaciones que había recibido. Solo Dios conoce la razón por la cual permite que los aguijones permanezcan en nuestras vidas. Esa frustración secreta puede ser solo por un tiempo de prueba. Puede ser por un tiempo en el que tenga que demostrarle a Dios que estará contento y hará su mejor esfuerzo cuando las cosas no le salgan bien. Continuará dando incluso cuando no esté recibiendo. Seguirá intentándolo cuando todas las puertas se cierren. Seguirá haciendo lo correcto, aun cuando no esté viendo los resultados esperados.

Desarrollo del carácter

"He aquí te he purificado, y no como a plata; te he escogido en horno de aflicción".

Isaías 48:10, RVR1960

Hay algunas cosas que usted solo las puede aprender en la prueba de la aflicción. No las puede aprender leyendo un libro o escuchando un mensaje. Tiene que experimentarlas. Ese lugar de prueba es donde se desarrollan sus músculos espirituales. No puede hacerse más fuerte sin ejercitar esos músculos durante momentos de presión intensa. Eso no es fácil. Pero si continuamos con eso, funcionará a nuestro favor, no en nuestra contra. Vamos a crecer, fortalecernos, y estaremos preparados para nuevos niveles.

Sus dones pueden llevarlo a un cierto nivel, pero si no tiene el carácter para manejarlos, no se mantendrá allí. El carácter se desarrolla en los momentos difíciles; cuando las cosas no salen como espera, pero sigue haciendo lo correcto.

Preparado para la promoción

*Si te mantienes puro... estarás listo para que el
Maestro te use en toda buena obra.*

2 Timoteo 2:21, NTV

Como Pablo, todos hemos rogado: "Dios,
por favor, quita esta frustración secreta";
"Remueve a esta persona del trabajo que me
desespera"; "Haz que mi cónyuge sea más amoroso"; "Danos el hijo que te hemos pedido".
Hasta que Dios lo determine, si sigue haciendo
lo correcto, sin dejar que eso lo amargue, esta es
la belleza de ello: incluso si la situación nunca
cambia, usted cambiará. Se vuelve más fuerte,
puede llegar más alto, se prepara para la plenitud de su destino.

No lo pueden promocionar sin preparación. Dios no le dará una bendición de cien
libras cuando Él sabe que puede levantar solo
cincuenta libras. Si Él le diera las cien libras, no
sería una bendición; sería una carga. Él tiene
que prepararlo.

Mantenga la fe

He aquí, me adelanto…y no le veo. Pero Él sabe el camino que tomo; cuando me haya probado, saldré como el oro.

Job 23:8-10, LBLA

He aprendido que nuestro carácter es más importante que nuestro talento. Podemos tener todo el talento del mundo, pero si no tenemos un carácter bien forjado, no iremos muy lejos. Todos podemos confiar en Dios en los buenos tiempos. Pero ¿puede confiar en Él en esas frustraciones secretas que aún no han cambiado? Ha orado y creído, pero Dios no las ha eliminado. La pregunta no es solo si puede confiar en Dios, sino, más importante, si Dios puede confiar en usted. ¿Pasará la prueba y mantendrá la fe incluso cuando no la entienda? Si confía en Dios, no solo disfrutará más de su vida, sino que Él eliminará todo lo que se supone debe eliminarse, y se elevará más alto, superará los obstáculos y se convertirá en todo aquello para lo que fue creado.

Carácter primero

Prepara primero tus faenas de cultivo y ten listos tus campos para la siembra; después de eso, construye tu casa.

Proverbios 24:27

Durante un tiempo, mi padre organizaba grandes cruzadas en otros países con multitudes de cincuenta mil personas, y vio a Dios hacer cosas increíbles. Pero cuando regresó a ser pastor de Lakewood, en lugar de hablarles a grandes multitudes, les hablaba a noventa personas, tres veces por semana, año tras año. En su interior, mi padre tenía esa frustración secreta. "Dios, te estoy honrando, pero la iglesia no está creciendo".

De lo que no se dio cuenta fue de que él estaba cambiando. Estaba desarrollando su carácter; le estaba demostrando a Dios que sería fiel en los tiempos difíciles. Luego, en 1972, la gente comenzó a llegar de todas partes de la ciudad. Lakewood creció, y creció hasta convertirse en una iglesia de miles. Dios había usado el lugar oscuro para traer a mi padre a una bendición de abundancia.

18 de marzo

Esfuércese

Esfuérzate por presentarte a Dios aprobado, como obrero que no tiene de qué avergonzarse...

2 Timoteo 2:15

Tal vez está haciendo lo correcto, pero su frustración secreta no está cambiando; no está viendo ningún crecimiento, no está siendo promovido. Quizá nada esté sucediendo externamente, pero si mantiene la actitud correcta, algo está sucediendo internamente. Dios lo está cambiando.

Siga haciendo lo correcto, siga siendo bueno con las personas, siga dando lo mejor de usted y teniendo un espíritu de excelencia. Dios lo está haciendo crecer. Está siendo preparado para la promoción. Muchas personas permiten que estas frustraciones secretas los hagan enfadarse, perder su pasión y relajarse. Reconozca que lo que está enfrentando es una prueba. Si sigue haciendo lo correcto, Dios lo llevará a donde se supone que debe estar.

19 de marzo

La actitud correcta

*Pero viendo Raquel que ella no daba hijos a Jacob,
tuvo celos de su hermana, y dijo a Jacob: Dame hijos,
o si no, me muero.*

Génesis 30:1, LBLA

En Génesis 29-30 está la historia de dos hermanas llamadas Raquel y Lea, quienes se convirtieron en esposas de un joven llamado Jacob. La Escritura dice que "Raquel era de bella figura y de hermoso parecer", y Jacob la adoraba. Posiblemente la gente que la veía pensaba que ella era una joven bendecida. Pero el sueño de Raquel era tener un bebé; ella era estéril y estaba atrapada en un lugar realmente oscuro.

El punto es que todo el mundo está lidiando con una frustración secreta. Raquel, quien fue bendecida con una gran belleza y un esposo amoroso, tenía un asunto crucial que ella no entendía; algo que Dios no estaba eliminando. Su actitud tenía que cambiar: *Dios, si esto nunca cambia, si nunca puedo tener hijos, todavía voy a ser feliz.*

Esté en paz

*...y [Jacob] amó más a
Raquel que a Lea...*

Génesis 29:30, LBLA
[NOTA ACLARATORIA]

Aunque Lea, en la lectura de ayer, no tenía la belleza externa de Raquel, ella le dio a Jacob un hijo tras otro, seis niños fuertes y apuestos, así como una hermosa hija. Parecía que le iba bien a Lea, y Dios la había bendecido con una familia sana. Sin embargo, Lea también tenía una frustración secreta, un lugar oscuro. Aunque sus hijos les trajeron mucha alegría a su vida, puedo escucharla decir todas las noches: "Dios, esto es muy doloroso. ¿Por qué Jacob no me ama más? ¿Por qué no cambias su corazón?".

La actitud de Lea tenía que cambiar: *Dios, si mi matrimonio nunca mejora, no voy a vivir amargada. Si alguien se ve mejor que yo, tiene más que yo, es más talentoso que yo, no voy a estar celosa o resentida. Estoy en paz con quién soy.*

En el momento oportuno

Después Dios se acordó de la dificultad de Raquel y contestó sus oraciones permitiéndole tener hijos.

Génesis 30:22, NTV

En las últimas dos lecturas consideramos a las dos hermanas, Raquel y Lea. Si usted es como Raquel, bendecida en un aspecto, o como Lea, bendecida en otro, habrá cosas que lo frustrarán. Pero cuando usted vive en paz, no estará tratando de descubrir por qué alguien más tiene tal belleza o alguien más tiene tantos niños, ni estará tratando de hacer que su cónyuge le ame más. Usted se lo entrega a Dios. En el momento oportuno, Dios removerá lo que se supone debe ser removido. Él cambiará lo que se supone debe ser cambiado.

Eso fue lo que sucedió con Raquel. Años más tarde, Dios removió la esterilidad, y ella tuvo un hijo extraordinario llamado José. La oscuridad dio paso a la luz, y esa frustración secreta dio paso a una gran bendición.

Una mente decidida

*Dad gracias al Señor,
porque El es bueno;
porque para siempre es su
misericordia.*

Salmos 107:1, LBLA

Por muchos años, mi padre tuvo problemas con la hipertensión. Él estaba impactando vidas en todo el mundo, sin embargo, Dios nunca lo sanó de esta enfermedad. Pero él tenía una mente decidida. Su actitud era: *Dios, voy a ser lo mejor que pueda, ya sea que me sanes o no.*

Luego de mi padre tener que someterse periódicamente a la hemodiálisis, una noche no podía dormir, y Gary, mi cuñado, estaba con él. Gary le preguntó a mi padre qué pensaba sobre la dificultad que estaba atravesando. Mi padre le respondió: "No lo entiendo todo, pero sé esto: su misericordia perdura para siempre". Unos segundos más tarde tuvo un ataque al corazón y se fue a morar con el Señor. Cualquiera que sea la frustración secreta con la que esté lidiando, tome la decisión que él tomó: si nunca cambia, manténgase creyendo.

Aun si Él no lo hiciera

*"Pero, aun si no lo hiciera,
sepa bien Su Majestad
que no adoraremos a sus
dioses…".*

Daniel 3:18, DHH

23 DE MARZO

Esto fue lo que hicieron tres adolescentes hebreos en las Escrituras. Ellos no se inclinarían ante el ídolo de oro del rey de Babilonia. Estaba tan furioso que quería arrojarlos a un horno de fuego. Ellos dijeron: "Rey, no estamos preocupados. Sabemos que nuestro Dios nos liberará. Pero incluso si no lo hace, aún así no nos inclinaremos".

Esta es la clave: usted mantiene la fe, cree en sus sueños, cree que la situación cambiará y luego declara: "Aun si no sucede como quiero, todavía voy a ser feliz. Dios, si lo cambias o no, todavía voy a alabarte". Si vive así, ni siquiera las fuerzas de la oscuridad lo podrán detener de su destino.

Confianza condicional

*Confía siempre en él, pueblo mío; ábrele tu corazón
cuando estés ante él. ¡Dios es nuestro refugio!*

Salmos 62:8

Es fácil confiar en Dios cuando las cosas nos
salen bien. Pero cuando nuestras oraciones
no reciben respuesta, cuando el problema no se
resuelve, y cuando no estamos viendo el favor,
con demasiada frecuencia pensamos que cuando
todo cambie, seremos felices. La confianza condicional dice: "Dios, si respondes a mis oraciones de la manera que yo quiero y de acuerdo con
mi agenda, seré lo mejor posible".

El problema con la confianza condicional es
que siempre habrá algo que no está sucediendo
lo suficientemente rápido, algo que no funciona
como queremos. La pregunta es: ¿es usted lo
suficientemente maduro como para aceptar la
respuesta de Dios, aun cuando no sea la que
está esperando? Dios es soberano. No vamos a
entender todo lo que sucede. La fe es confiar en
Dios aun cuando la vida no tiene sentido.

Los "por qué"

¿Por qué voy a inquietarme? ¿Por qué me voy a
angustiar? En Dios pondré mi esperanza, y todavía
lo alabaré. ¡Él es mi Salvador y mi Dios!

Salmos 43:5

Cuando la salud de mi padre comenzó a de-
caer, nuestra familia oró por él tanto como
lo hicimos con mi madre cuando tuvo cáncer.
Citamos las mismas escrituras. Le pedimos a
Dios que restaurara su salud como lo hizo con
mi madre, pero mi padre pasó a morar con el
Señor. No sucedió de la manera que yo quería.
Si hubiera tenido confianza condicional, me habría enojado y amargado, y habría dicho: "Dios,
¿por qué no respondiste a mis oraciones?".

La verdad es que siempre habrá los "por
qué" sin respuesta. Algunas cosas no van a tener
sentido. Puede que no lo vea en ese momento,
pero Dios sabe lo que está haciendo. Él tiene
en mente lo mejor que le conviene. Él no es ar-
bitrario. Es parte de su plan. Atrévase a confiar
en Él.

Giros y vueltas

*La mente del hombre
planea su camino, pero
el Señor dirige sus pasos.*

Proverbios 16:9, LBLA

Cuando perdí a mi padre, no sabía qué haría. Pero descubrí que Dios tenía algo más que yo tenía que hacer y no lo podía ver en ese momento. Jamás pensé que podría pararme a hablar frente a la gente. No sabía que esa habilidad estaba en mí. Pero Dios puede ver cosas en usted que no las puede ver en sí mismo. Su plan para su vida es más grande que el suyo. Pero puede que no suceda de la manera en que piensa. Dios no nos lleva en línea recta. Habrá giros, vueltas, decepciones, pérdidas y malas rachas. Todo forma parte de su plan. Dios aún dirige sus pasos. Confíe en Él cuando no lo entienda. Confíe en Él incluso cuando sienta que va en la dirección incorrecta.

Ilumina mi oscuridad

Oh Señor, tú eres mi lámpara; el Señor ilumina mi oscuridad.

2 Samuel 22:29, NTV

Lo que pensé que sería mi hora más oscura, la pérdida de mi padre, y lo digo con mucho respeto, en cierto sentido resultó ser mi mejor momento. Me lanzó a lo que estoy haciendo hoy, a un nuevo nivel de mi destino. Pero a veces queremos las cosas a nuestra manera, pensando que no vamos a ser felices a menos que sucedan a nuestro modo. Pensar así está fuera de equilibrio. Cualquier cosa que tenga que tener para ser feliz, el enemigo la puede usar en su contra.

Es bueno ser sincero con Dios y contarle sus sueños. "Dios, esto es lo que quiero. Abre estas nuevas puertas". Está bien pedir, pero luego sea lo suficientemente maduro como para decir: "Pero Dios, si nunca sucede, todavía voy a confiar en ti".

28 de marzo

En tus manos

*Pero yo, Señor, en ti confío, yo he dicho: "Tú, Señor,
eres mi Dios". Mi destino está en tus manos...*

Salmos 31:15-16, BLPH

Podemos consumirnos tanto con lo que queremos en la vida que puede llegar a ser como
un ídolo para nosotros. *No puedo ser feliz a menos que consiga la casa que quiero*; es todo en lo
que pensamos, en lo que oramos, siempre a la
vanguardia de nuestras mentes. Entrégueselo
a Dios. Ore, crea y luego déjelo en las manos
de Dios. No se enfoque tanto en lo que quiere
que se pierda de la belleza de este día. No todo
puede ir perfecto. Puede haber cosas que necesiten cambiar. Pero Dios le ha dado la gracia de
ser feliz hoy. Es muy liberador cuando puede
decir: "Dios, está en tus manos. Confío en ti
incondicionalmente sea que funcione a mi manera o no. Confío en ti incondicionalmente aun
cuando no lo entienda".

29 de marzo

Confianza incondicional

No temerá recibir malas noticias; su corazón está firme, confiado en el Señor.

Salmos 112:7, LBLA

Anteriormente conté la historia de los tres adolescentes hebreos que se negaron a inclinarse ante el ídolo de oro del rey y le declararon al rey de Babilonia: "Oh rey, no nos inclinaremos. Sabemos que nuestro Dios nos liberará. Pero aun si Él no lo hace, aún así no nos inclinaremos". Esa es la confianza incondicional. Está diciendo: "Creo que Dios cambiará esta situación, pero aun si no lo hace, todavía voy a ser feliz. Creo que voy a obtener la promoción. Creo que mi salud está mejorando. Creo que la persona indicada viene en camino. Pero si no sucede, no me amargaré ni me resentiré. Sé que Dios sigue estando en el trono. Si Él no lo está cambiando, Él tiene una razón. Mi vida está en sus manos".

No está solo

*El Señor llevará a cabo los
planes que tiene para mi
vida...*

Salmos 138:8, NTV

Atrévase a confiar en Dios no solo cuando las cosas están saliendo a su manera, sino cuando aún no lo entienda. No tiene que elaborar el plan de Dios para su vida. No tiene que hacer que suceda en su propia fuerza, o tratar de manipular a las personas o pelear sus batallas solo. ¿Por qué no se relaja y permite que Dios desarrolle su plan para su vida? Él puede hacerlo mejor que usted. Él conoce el mejor camino. Usted no se enojará ni comenzará a entrar en pánico. Usted sabe que no vivimos por nuestra cuenta. Todas las fuerzas de las tinieblas no pueden detener lo que el Dios Altísimo, el Creador del universo, ha ordenado. La enfermedad no puede detenerlo. Los problemas en el trabajo no pueden detenerlo. Las decepciones y los reveses no pueden detenerlo.

Gigantes en el camino

David le contestó [a Goliat]:—Tú vienes contra mí con espada, lanza y jabalina, pero yo vengo a ti en el nombre del Señor Todopoderoso...

1 Samuel 17:45

Puede que vengan muchas cosas en su contra. Recuerde que el enemigo no tiene el control de su vida; Dios está en control. Él está desarrollando su plan. A veces, su plan incluye gigantes, hornos de fuego, mares rojos, faraones y otras personas a las que usted no les gusta. A veces, los obstáculos parecerán insuperables. No ve la solución, pero como sabe que el Señor está dirigiendo sus pasos, no trata de resolverlo todo. Puede parecer el final, pero tiene la confianza incondicional: "Sé que Dios me liberará, pero aun si no lo hace, todavía tendré una canción de alabanza. Aún mantendré una actitud de fe. Como quiera viviré mi vida felizmente".

Hornos de fuego

*"He aquí yo veo cuatro
varones sueltos, que se
pasean en medio del fuego
sin sufrir ningún daño;
y el aspecto del cuarto es
semejante a hijo de los
dioses".*

Daniel 3:25, RVR1960

1 DE ABRIL

Usted siente como si estuviera a punto de ser arrojado al fuego como a los tres jóvenes hebreos. A veces el plan divino incluye hornos de fuego. La buena noticia es que no entrará allí solo. No se le puede poner en ese horno de fuego a menos que Dios lo permita.

El rey hizo que estos jóvenes fueran arrojados al horno de fuego. El fuego estaba tan caliente que cuando los guardias abrieron la puerta, murieron al instante. Unos minutos más tarde, el rey se asomó para verificar. Él no podía creer lo que veía dentro del horno. Dijo: "¿No echamos a tres hombres atados? Yo veo cuatro hombres desatados, y uno se parece al Hijo de Dios". ¿Qué fue eso? ¡Dios desarrollando su plan para sus vidas!

Llamar la atención de Dios

"Los ojos del Señor recorren toda la tierra para fortalecer a los que tienen el corazón totalmente comprometido con él".

2 Crónicas 16:9, NTV

Los tres jóvenes hebreos, a quienes hemos estado considerando, fueron salvados milagrosamente. Pero me pregunto cuál habría sido el resultado si hubieran tenido una confianza condicional. "Dios, si nos libras de este fuego, si lo haces a nuestra manera, nos mantendremos creyendo". Tal vez el horno habría sido el final. Tal vez no estaríamos hablando de ellos hoy.

Si quiere llamar la atención de Dios, si quiere que Él lo lleve a donde nunca ha soñado y resuelva situaciones imposibles, sea como esos adolescentes y haga una declaración de fe: "Sé que Dios me librará de este fuego". Pero luego continúe con: "Pero incluso si no lo hace, seguiré honrándolo. Voy a seguir siendo lo mejor que pueda ser".

A través de la prueba

"...no morirás antes de tiempo, sino cuando llegue el momento".

Job 5:26, TLA

Al igual que el héroe bíblico Job, es posible que enfrente una enfermedad grave, pero si no es el tiempo de partir, no se irá. Dios tiene la última palabra. Justo ahora, Él está elaborando su plan para su vida. Quizá haya algunos lugares oscuros. ¿Confiará en Él solo si quita todas las espinas y si lo hace a su manera?

Cuando usted tiene confianza incondicional en Dios para guiarlo a través de la prueba, le quita todo el poder al enemigo y usted no puede ser derrotado. Puede que tenga desafíos que se vean más grandes y más fuertes de lo que usted puede superar. En su fuerza, no tiene oportunidad alguna. No se deje intimidar. Las fuerzas a su favor son mayores que las fuerzas en su contra.

Sus caminos

Pues así como los cielos están más altos que la tierra, así mis caminos están más altos que sus caminos y mis pensamientos, más altos que sus pensamientos.

Isaías 55:9, NTV

Cuando observo mi vida retrospectivamente, veo que muchas cosas no han salido como pensaba. Yo tenía un plan. Lo tenía todo resuelto. Le dije a Dios qué hacer, cuándo hacerlo, qué necesitaba, a quién usar y cómo llegar hasta allí. Le di buena información, mi mejor esfuerzo. Lo curioso es que Dios no siguió mi consejo. Él tenía su propio plan. Descubrí que el plan de Dios siempre es mejor que mi plan. Sus caminos siempre han sido más gratificantes, más satisfactorios y mayores que mis caminos. Si Dios hubiera hecho todo lo que le pedí, si hubiera respondido a mis oraciones de la manera que yo quería y de acuerdo con mi agenda, eso hubiera limitado mi destino. Yo no estaría donde estoy.

Puertas cerradas

"Esto dice el Santo... el que tiene la llave de David, el que, cuando abre, nadie puede cerrar y, cuando cierra, nadie puede abrir".

Apocalipsis 3:7, BLPH

No se desanime por algo que no funcionó como quería. Dios sabe lo que está haciendo. Puede que no lo vea ahora, pero un día, cuando vea lo que Dios estaba haciendo, se alegrará de que Él haya cerrado las puertas. Le agradecerá por no responder a sus oraciones. Cuanto más tiempo vivo, más oro: "Dios, no permitas que se haga mi voluntad, sino la tuya". No me frustro cuando se cierra una puerta o las cosas no cambian tan rápido como me gustaría. Sé que Dios está en control. Mientras lo honre y sea lo mejor posible, en el tiempo oportuno, Dios lo llevará a donde se supone que debe estar. Puede que no sea dónde pensaba, pero Dios lo llevará más allá de lo que alguna vez imaginó.

Sosténgase firmemente, sosténgase holgadamente

¿Dirá el barro al alfarero:
"Qué haces"?

Isaías 45:9, LBLA

Hace muchos años, Victoria y yo estábamos seguros de que habíamos encontrado la casa de nuestros sueños. Oramos por ella, agradeciendo a Dios para que fuera nuestra, e hicimos una oferta. Pero el vendedor rechazó nuestra oferta y se la vendió a otra persona. Estábamos profundamente decepcionados, pero si solo vamos a ser felices cuando Dios lo hace a nuestra manera, eso no es confiar en Él; eso es darle órdenes a Dios.

Creo en hacer oraciones audaces por nuestros sueños, creer en grandes cosas. Pero aprendí a dejar que Dios lo haga a su manera. Sosténgase firmemente a lo que Dios puso en su corazón, pero sosténgase holgadamente a cómo sucederá. No se aferre a sus caminos. No se desanime porque no sucedió de la manera que pensaba. Dios está desarrollando su plan para su vida.

Más de lo que pueda imaginar

Por nada estén afanosos; antes bien, en todo,
mediante oración y súplica con acción de gracias,
sean dadas a conocer sus peticiones delante de Dios.

Filipenses 4:6, NBLH

¿Alguna vez se ha sentido como si Dios lo hubiera decepcionado? Pudo haber abierto la puerta que se cerró. Quedó frustrado. ¿Por qué no poner su vida en sus manos? Él sabe lo que es mejor para usted. Él puede ver cosas que nosotros no podemos ver.

Unos meses después de que perdimos la "casa de nuestros sueños", mencionada en la lectura de ayer, compramos otra casa. Unos años después de eso, vendimos la mitad de esa propiedad por más de lo que pagamos por toda la propiedad. Terminamos construyendo una nueva casa allí. Dios nos bendijo de una manera más abundante de lo que jamás hubiéramos imaginado. Ahora, a veces vuelvo a la casa que tanto quería, y digo: "Señor, gracias por cerrar esa puerta. Gracias que eso no funcionó".

8 de abril

Abrace donde está

Este es el día que el Señor ha hecho;
regocijémonos y alegrémonos en él.

Salmos 118:24, LBLA

Podría ahorrarse mucha frustración si aprende a tener confianza incondicional. Las puertas cerradas, las decepciones, los retrasos, todo está cooperando para su bien. Y sí, es bueno ser decidido, ser persistente. Pero permita que Dios lo haga a su manera. Si Él no está cambiando la situación, no la está removiendo, no está abriendo puertas, no lo resista. Aprenda a abrazar donde usted está. Se le ha dado la gracia no solo de estar allí, sino de estar allí con una buena actitud. Si tiene que pasar la prueba, mantenga una sonrisa en su rostro. Mantenga una canción en su corazón. Mantenga la pasión en su espíritu. No sabotee el día que el Señor ha hecho. Él está desarrollando su plan para su vida. Él lo llevará a donde usted debe estar.

La prueba de la confianza

Y el ángel dijo: "No extiendas tu mano contra el muchacho, ni le hagas nada; porque ahora sé que temes a Dios".

Génesis 22:12, LBLA

Abraham tenía setenta y cinco años cuando Dios le prometió que "haría de él una gran nación" (ver Génesis 12), y esperó veinticinco años antes del nacimiento de su hijo Isaac. Él y su esposa, Sara, habían orado, creído, permanecido en la fe, y finalmente vieron la promesa cumplirse. Imagínese cómo Abraham se debió haber sentido muchos años después cuando Dios le dijo que llevara a Isaac a la cima de una montaña y lo sacrificara. Isaac era el cumplimiento de la promesa que Dios le había dado. Ahora Dios le estaba pidiendo que pusiera su sueño en el altar. Abraham no lo entendió, pero fue obediente. Pasó la prueba de la confianza. Y justo cuando estaba a punto de cumplirla, Dios lo detuvo y le dijo: "Ahora puedo ver que confías en mí más que nada".

Como ofrenda

Por tanto, hermanos míos, les ruego por la misericordia de Dios que se presenten ustedes mismos como ofrenda viva, santa y agradable a Dios.

Romanos 12:1, DHH

Como vimos con Abraham en la lectura de ayer, habrá momentos en los que Dios nos pida que pongamos nuestro sueño en el altar. Tenemos que demostrarle que no necesitamos tener la casa para ser felices. Si no tenemos el bebé, no vamos a vivir amargados y resentidos. Está creyendo que su salud mejorará, pero cuando puede decir: "Si no mejora, Dios, todavía te honraré. Todavía seguiré siendo lo mejor que pueda ser"; usted está haciendo lo que hizo Abraham. Está poniendo su sueño en el altar. Dios quiere ver si confía en Él aun cuando no lo entienda. Y cuando Dios ve que no tiene que tenerlo, muchas veces Dios le devuelve lo que estaba dispuesto a rendir.

De todo corazón

Confía de todo corazón en el Señor y no en tu propia inteligencia… él te llevará por el camino recto.

11 DE ABRIL

Proverbios 3:5-6, DHH

Vivir preocupado, frustrado y decepcionado nos roba nuestra pasión, nuestra alegría y puede evitar que veamos el favor de Dios. A veces, las puertas cerradas y las decepciones son simplemente una prueba. Dios quiere ver si confiamos en Él cuando la vida no tiene sentido.

¿Hará lo correcto cuando sea difícil? ¿Confiará en Dios cuando la situación no sea lo que pensaba? ¿Confiará en Él cuando no lo entienda? Dios le dijo a Abraham: "Por cuanto…no me has rehusado tu hijo, tu único, de cierto te bendeciré grandemente, y multiplicaré en gran manera tu descendencia…como la arena en la orilla del mar" (Génesis 22:16-17). Cuando hace lo que Abraham hizo y pase la prueba de la confianza, Dios no solo le dará los deseos de su corazón, Él hará más de lo que pide o imagina.

Conforme a su voluntad

Esta es la confianza que tenemos al acercarnos a Dios: que, si pedimos conforme a su voluntad, él nos oye.

1 Juan 5:14

¿Está viviendo frustrado porque sus oraciones no están siendo respondidas como usted quiere? ¿No están funcionando sus planes? Quítese la presión. Dios está en control. Él todavía está en el trono. No siempre lo entenderá. Si lo hiciera, no requeriría ninguna fe. Puedo decirle por experiencia propia que con algunas de las cosas que no están funcionando en su vida ahora, un día estará diciendo: "Señor, gracias porque no funcionó a mi manera".

Le pido que confíe en Él incondicionalmente. Si hace esto, creo que Dios desarrollará su plan para su vida. Él abrirá las puertas correctas, le traerá las personas indicadas donde usted, cambiará las situaciones negativas y lo llevará a la plenitud de su destino.

>> **13 DE ABRIL** <<

El panorama completo

"Yo anuncio el fin desde el principio; desde los tiempos antiguos, lo que está por venir. Yo digo: Mi propósito se cumplirá, y haré todo lo que deseo".

Isaías 46:10

Todos pasamos por dificultades, retrocesos y pérdidas. El dolor es parte de la vida, y a menudo se siente como un lugar oscuro. Es fácil desanimarse y pensar: *Dios, ¿por qué sucedió esto?* Pero aprendí a no poner un signo de interrogación donde Dios ha puesto un punto. Todos nosotros vivimos situaciones que no entendemos. Una razón es que no podemos ver el panorama completo de nuestras vidas. Es como aislar una pieza de un rompecabezas y pensar: *Esta pieza es un error. No se parece en nada a la imagen del frente de la caja.* Pero el hecho es que tiene un lugar perfecto. Cuando todas las piezas se unan, encajarán perfectamente. Simplemente, usted no puede verlo ahora porque las otras piezas no están en su lugar.

Vemos de manera imperfecta

Ahora vemos todo de manera imperfecta, como reflejos desconcertantes, pero luego veremos todo con perfecta claridad.

1 Corintios 13:12, NTV

A veces nos fijamos en los momentos dolorosos de nuestras vidas: los momentos en que sufrimos, nos sentimos solos, estamos recibiendo tratamiento médico, y, cuando superficialmente, las piezas de nuestra vida no tienen sentido, pensamos que no puede ser parte del plan de Dios. Debe confiar en que aun entonces, Dios no comete ningún error. Él ya ha diseñado su vida y ha dispuesto cada pieza, hasta el más mínimo detalle. Él nunca dijo que entenderíamos todo en el camino. Dios no prometió que no habría dolor, sufrimiento o desilusión. Pero Él prometió que todas las cosas ayudarían para nuestro bien. Esa pieza que es dolorosa, que no parece tener sentido, cuando todo se arme, encajará perfectamente en su lugar.

Cambiado para bien

"Aquí en el mundo tendrán muchas pruebas y tristezas; pero anímense, porque yo he vencido al mundo".

Juan 16:33, NTV

El dolor nos cambiará. Las dificultades, las aflicciones, el sufrimiento; no nos dejan igual. Cuando sufrí la pérdida de mi padre, no salí de esa experiencia siendo la misma persona. Fui cambiado. Si usted enfrenta un divorcio o una batalla legal, o un amigo lo traiciona, eventualmente la experiencia pasará y lo superará, pero usted será diferente. La clave es lo que usted hace en sus momentos de dolor. Puede salir amargado, o puede salir mejorado. Puede salir resentido, o puede salir con una mayor confianza en Dios. Puede salir derrotado, renunciando a sus sueños, o puede salir bendecido, buscando las nuevas oportunidades que se presentan.

Refinado

ABRIL

16

"¿Acaso no están bajo tu protección él y su familia y todas sus posesiones?".

Job 1:10

Dios no solo tiene el control de nuestras vidas, sino que también tiene el control del enemigo. Satanás tuvo que pedirle permiso a Dios antes de probar a Job. El enemigo puede encender el horno, pero Dios controla cuánto calor, cuánto dolor, cuánta adversidad enfrentaremos. Él sabe lo que podemos manejar. Si va a dañarnos en lugar de ayudarnos, Él lo reduce. Usted podría dejar que los tiempos difíciles lo abrumen fácilmente. Es útil recordarse a sí mismo: "Puede que esté en el horno, pero sé quién controla la temperatura. El Dios que está a mi favor y no en mi contra, no permitirá que me derroten. Puedo manejarlo". Si tiene esa actitud, usted saldrá refinado, purificado, preparado y más fuerte.

17 de abril

Confianza mayor

…también nos gloriamos en las tribulaciones, sabiendo que la tribulación produce paciencia; y la paciencia, carácter probado; y el carácter probado, esperanza.

Romanos 5:3-4, LBLA

Quizá haya oído el dicho: "El que algo quiere, algo le cuesta". Si todo fuera siempre fácil, no estaríamos preparados para nuestro destino. Algunas de las situaciones y presiones que enfrento hoy me habrían abrumado si las hubiera enfrentado hace diez años. No las podría haber manejado en ese entonces. Dios sabe exactamente lo que usted necesita y cuándo lo necesita. Cada lucha lo está haciendo más fuerte. Cada dificultad lo hace crecer. Quizá no le guste, pero cada momento doloroso está extrayendo algo en usted que solo puede desarrollarse en los momentos difíciles. Mi desafío es, no solo pasar por eso, sino crecer a través de ello. Esa dificultad es una oportunidad para desarrollar el carácter, para ganar una mayor confianza en Dios. No se queje del dolor, porque sin el dolor no alcanzaría la plenitud de su destino.

18 de abril

Creado para la adversidad

...ya que Cristo sufrió dolor en su cuerpo, ustedes prepárense, adoptando la misma actitud que tuvo él y estén listos para sufrir también.

1 Pedro 4:1, NTV

En 1982, los investigadores a bordo del transbordador espacial *Columbia* hicieron un experimento con abejas. Las llevaron al espacio para estudiar los efectos de la ingravidez en ellas. Según un memorando de la NASA, las abejas "no pudieron volar normalmente y daban volteretas en la ingravidez". Luego se informó que "las abejas se han inmovilizado". Uno pudiera imaginar que simplemente flotaron en el aire con gran facilidad, disfrutando sin tener que usar sus alas. Quizá pensaron: *Esto es vida. Esta es la forma en que fuimos creadas para vivir: sin lucha, sin penalidades, sin dolor.* Pero todas murieron. Se podría decir que disfrutaron el viaje, pero murieron. Puede que les haya encantado tenerlo fácil, sin adversidades, pero ellas no fueron creadas para eso, y nosotros tampoco.

Más fuerte que nunca

. . . después de que hayan sufrido un poco de tiempo, [Dios]. . . los sostendrá, los fortalecerá y los afirmará sobre un fundamento sólido.

1 Pedro 5:10, NTV
[NOTA ACLARATORIA]

No fuimos creados para flotar por la vida en camas floreadas de comodidad. Nos encantaría pasar la vida sin dolor, sufrimiento, malas rachas, traiciones o pérdidas, pero esa no es la realidad. Las dificultades vendrán, y el dolor es parte de la vida, así que manténgase en la perspectiva correcta. En los tiempos oscuros y difíciles, Dios lo está preparando. Si fuera demasiado, Dios reducirá la intensidad. Él tiene su mano en el termostato. Deje de decirse a sí mismo que no puede más. Usted no es débil. Usted es bien capaz. Está lleno del poder de "puedo hacerlo". Está armado con fuerza para esta batalla. La razón por la cual el fuego está tan caliente es porque hay algo grande en su futuro. Dios lo está desarrollando. Lo está preparando para recibir bendiciones, favor y aumento como nunca lo ha visto.

Tenga sumo gozo

*... tened por sumo gozo
cuando os halléis en diversas
pruebas, sabiendo que la
prueba de vuestra fe produce
paciencia.*

Santiago 1:2-3, RVR1960

Hay propósito en su dolor. Dios permite el dolor, pero no dice: "Déjenme darles algo de dolor para hacer su vida miserable". Él lo usa con un propósito. No siempre vamos a entenderlo. "¿Por qué me enfermé? ¿Por qué mi ser querido no sobrevivió? ¿Por qué mi matrimonio no funcionó?" No puedo responder a los motivos, pero puedo decirle que, si Dios lo permitió, Él sabe cómo sacarle provecho. De eso se trata la fe. "Dios, no me gusta este dolor y la oscuridad, pero confío en ti. Yo creo que tú tienes el control. Voy a crecer y mantener una buena actitud. Contaré todo con gozo, sabiendo que este dolor redundará en mi provecho".

Aprenda de ello

*El sabio oirá y crecerá en
conocimiento...*

Proverbios 1:5, LBLA

A veces, nos causamos dolor a nosotros mismos. Tomamos malas decisiones, entramos en una relación que sabíamos que no sería buena o nos excedimos en nuestros gastos, y luego viene el dolor: tener que lidiar con las consecuencias. Dios está lleno de misericordia, y siempre nos dará la gracia para superarlo. Pero con el fin de no desperdiciar el dolor, y volver a pasar por él, debe aprender la lección.

Un hombre que conozco luchó con la diabetes durante años y terminó en el hospital por un mes. Cuando lo vi después, me dijo: "Ese tiempo en el hospital fue una llamada de atención. Perdí cuarenta libras, cambié mi dieta, hago ejercicio todos los días y me siento como un hombre nuevo". Él no está desperdiciando el dolor. Aprendió la lección.

Antes de dejar ir

Guardé en mi corazón lo observado, y de lo visto saqué una lección...

Proverbios 24:32

22 DE ABRIL

Hablamos de lo importante que es dejar ir el pasado, el divorcio, el fracaso, la mala racha, y eso es cierto. Pero antes de dejar ir el evento negativo, debe recordar la lección que aprendió de la experiencia. Se está haciendo un daño si atraviesa un momento doloroso y no sale con lo que se suponía que debía obtener. Hablé con un hombre que estaba a punto de casarse por cuarta vez. No lo estoy juzgando, pero hizo una declaración que fue muy reveladora. Me dijo: "Todas mis esposas me han sido infieles". No lo dije, pero pensé que tal vez la lección que él necesita aprender es tener cuidado con el tipo de mujeres hacia las que él se siente atraído.

No repita los errores

...el necio insiste en su necedad.

Proverbios 26:11

Hay una lección sobre el dolor. No siga repitiendo los mismos errores. Considere a un tipo que conducía su automóvil, tuvo un accidente y se molestó. Se acercó al otro conductor y le dijo: "Señora, ¿por qué no mira por dónde va? ¡Usted es la quinta persona que me choca hoy!". Continuará experimentando ese dolor hasta que crezca lo suficiente como para admitir y decir: "Sabes qué, tengo que aprender a conducir".

¿Está causándose dolor a sí mismo? ¿Está luchando con relaciones que no perduran, tal vez porque sigue diciendo todo lo que se le ocurre? El dolor se detendrá si usted aprende la lección y cierra la boca. Sea lo suficientemente maduro como para decir: "Aquí es donde estoy mal, pero no lo volveré a hacer".

Donde Dios pone un punto

"...y yo completaré el número de tus días".

Éxodo 23:26, RVR1960

Algunas veces experimentamos un dolor que no tiene nada que ver con nuestras decisiones. No es culpa nuestra. Estamos haciendo lo correcto, y sucede lo incorrecto.

Mi madre estaba criando a cinco hijos y pastoreando la iglesia con mi padre cuando le diagnosticaron un cáncer terminal. No solo era físicamente incómodo, sino emocionalmente doloroso al pensar en dejar a sus hijos y su esposo. Pero mi madre había aprendido que donde Dios pone un punto, no se debe poner un signo de interrogación. Ella dijo: "Dios, tú dijiste que completarías el número de mis días. Mi vida está en tus manos". No sucedió de la noche a la mañana, pero mi madre fue mejorando cada vez más. Hoy no solo está sana sino que Dios dio a luz algo nuevo en ella: ¡un ministerio de oración por los enfermos!

ABRIL
25

Compartirlo con los demás

…y Dios de toda consolación, el cual nos consuela en toda tribulación nuestra, para que nosotros podamos consolar a los que están en cualquier aflicción…

2 Corintios 1:3-4, LBLA

Hay momentos en que Dios nos permitirá pasar por una temporada dolorosa para que pueda dar a luz algo nuevo en el interior. Si pasa por algo que no entiende, Dios permitió que esto sucediera porque confía en usted. Él sabe que puede contar con usted para que tome la misma consolación, la misma sanación, el mismo aliento que le ayudó a superar este problema, y lo comparta con los demás.

Mi madre no solo fue sanada de cáncer, sino que, después de ese momento doloroso, Dios dio a luz algo nuevo en ella. Ella comenzó a orar por otras personas que estaban enfermas. Ella va al centro médico todas las semanas y tiene servicios de sanidad en la capilla. Lo mismo que intentó destruirla fue lo que Dios usó para llevarla a un nuevo nivel de su destino.

Propósito en su dolor

"¿Qué? ¿Recibiremos de Dios el bien, y el mal no lo recibiremos?".

Job 2:10, RVR1960

Tal vez ha pasado por algo que no entiende: enfermedad, abuso, infertilidad, criar a un niño difícil. Es doloroso. La vida no salió como la esperaba. Es fácil tener una mentalidad de víctima y pensar: *Si Dios es bueno, ¿por qué me pasó esto?* Es porque Dios sabe que eso se lo puede confiar a usted. Las fuerzas de las tinieblas querían eliminarlo, pero Dios dijo: "No tan rápido. Ese es mi hijo, esa es mi hija. Tengo una misión para ellos". Y Dios le dice esto a usted: "Es difícil, pero sé de qué estás hecho. Es doloroso, pero al final no solo te sacaré más fuerte, aumentado y promocionado, sino que te usaré para que ayudes a otros que estén luchando con lo mismo". Hay un propósito en su dolor.

27 de abril

Levántese

*La oscuridad cubre la tierra, la noche envuelve a
las naciones, pero el Señor brillará sobre ti y sobre ti
aparecerá su gloria.*

Isaías 60:2, DHH

En mayo de 1980, Cari, la hija de Candy
Lightner, fue golpeada por un conductor
ebrio reincidente, y murió. Esta madre estaba devastada y no creía que pudiera continuar. Pero
alimentada por la furia de una madre, comenzó
una organización llamada "Madres contra la con-
ducción en estado de ebriedad". Treinta y ocho
años después, es una de las organizaciones de ac-
tivistas más grandes del país y ha salvado vidas,
cambiado leyes e influenciado la conciencia y la
política pública.

Candy Lightner no desperdició su dolor.
Pudo haberse sentado en el lugar oscuro de la
autocompasión y renunciar a sus sueños, pero
no puso un signo de interrogación donde Dios
había puesto un punto. Hoy sigue afectando al
mundo. El enemigo trajo esa experiencia para
mal, pero Dios la usó para bien.

28 de abril

Ayude a otros

Si así procedes, tu luz despuntará como la aurora, y al instante llegará tu sanidad; tu justicia te abrirá el camino, y la gloria del Señor te seguirá.

Isaías 58:8

La mayoría de nosotros no experimentaremos algo tan trágico como Candy Lightner (lectura de ayer), pero si ella pudo tomar uno de los mayores dolores de la vida y tornarlo para convertirlo en una fuerza para el bien, entonces usted y yo podemos encontrar el propósito en nuestro dolor. No se quede preguntándose: ";A dónde va esta pieza de mi rompecabezas? Está fea, y no hace sentido". Siga avanzando. Salga como ella lo hizo y encuentre a alguien a quien pueda ayudar. La sanidad viene cuando se olvida de su dolor y ayuda a otros. Mientras permanezca enfocado en su dolor, lo que perdió, lo que no funcionó, se quedará atascado. Hay una bendición en ese dolor. Usted está calificado de manera única. Tiene algo que dar a los demás. Puede consolar a aquellos que están pasando por lo que usted ha pasado.

Hagan brillar su luz

"Hagan brillar su luz delante de todos…".

Mateo 5:16

Conozco a una mujer quien creía que su diagnóstico de cáncer sería doloroso. Ella tomó la quimioterapia durante un año difícil, y ya no tiene cáncer. Ahora regresa al hospital como voluntaria y les dice a otras personas que luchan contra el cáncer: "Sé por lo que estás pasando. Dios me ayudó a atravesar la quimioterapia, y Él puede hacerlo por ti". Ella no está desperdiciando su dolor. Su prueba se ha convertido en su testimonio.

Todos hemos pasado por cosas difíciles, pero Dios abrió un camino en donde no se veía un camino. Si no fuera por su bondad, no estaríamos aquí. Dios cuenta con nosotros para que nuestra luz brille en los lugares oscuros. Lo que usted ha pasado ayudará a otra persona a superarlo. Esté atento a aquellos que usted puede alentar.

Anímense y edifíquense

Por eso, anímense y edifíquense unos a otros, tal como lo vienen haciendo.

1 Tesalonicenses 5:11

Lolo Jones, dos veces campeona mundial en los sesenta metros con vallas, fue a las Olimpiadas 2008 siendo la gran favorita para ganar la medalla de oro en los cien metros con vallas. Pero ella golpeó la novena valla y tropezó ligeramente, lo que permitió que otra corredora la superara. Había trabajado toda su vida para esa carrera de doce segundos y había perdido. En una entrevista, dijo, en efecto: "Es muy doloroso, pero ahora sé que puedo ayudar a otras personas que han caído". Ella no está desperdiciando su dolor.

Cuando usted ha pasado por algo, está especialmente calificado para ayudar a alguien más en esa situación. Algunas experiencias nos ayudan a crecer, madurar y llegar más alto. Entonces, a veces Dios nos permitirá atravesar por un momento difícil, para que más adelante podamos ayudar a otros a vencer.

Ofrezca consuelo

¡Consuelen, consuelen a mi pueblo! —dice su Dios—.

Isaías 40:1

¿Puede Dios confiarle el dolor? ¿O se desanimará y dirá: "No entiendo por qué me está pasando esto"? Digo esto con mucho respeto: no todo se trata de usted. ¿Y si Dios ha permitido esta dificultad para que dentro de tres años usted pueda ayudar a otra persona a seguir adelante? ¿Puede Dios confiar en usted? Cuando perdí a mi padre, fue doloroso. Pero no puede imaginarse cuántas personas me dicen: "Joel, cuando hablas de lo mucho que amabas a tu padre y cómo tomaste el desafío y seguiste adelante, me ayudó a mí a seguir adelante cuando murió mi ser querido". El consuelo que recibí durante esa pérdida ahora lo puedo pasar a otros. Todos hemos pasado por pérdidas, dolores y luchas. Quizá no le guste, pero hay un propósito en el dolor.

No se enfoque en el dolor

...por el gozo que le esperaba, soportó la cruz...

Hebreos 12:2

2 DE MAYO

Vi un reportaje en las noticas sobre una mujer muy saludable que comenzó a sentir náuseas, no podía dormir bien en la noche, luego su espalda comenzó a dolerle y sus pies se le empezaron a hinchar. El médico pensó que era algún tipo de virus que se le pasaría. Meses después tenía tanto dolor que el esposo la llevó de inmediato a la sala de emergencias, donde dio a luz a su primer niño.

Al igual que ella, hay muchas ocasiones en las que estamos embarazados y no lo sabemos. Todo lo que sentimos es el dolor. El dolor es una señal de que usted dará a luz. Si permanece en fe, dará a luz nuevas fuerzas, nuevos talentos, nuevo ministerio, nuevas relaciones. Cuando está en una temporada difícil, no se enfoque en el dolor. Enfóquese en el hecho de que viene un nuevo nivel.

No desperdicie el dolor

Como bien saben, la primera vez que les prediqué el
evangelio fue debido a una enfermedad…

Gálatas 4:13

Mi amigo Craig era el director del ministerio de niños. Después que él y su esposa, Samantha, tuvieron su tercer hijo, se dieron cuenta de que algo no estaba bien. El pequeño Connor fue diagnosticado con autismo. Por supuesto, ellos amaban a Connor incondicionalmente, pero no era lo que habían esperado. Estaban desanimados, pero no desperdiciaron su dolor. Craig habló conmigo acerca de que los padres que tenían niños con necesidades especiales no podían asistir a un servicio si sus hijos requerían constante atención. Me dijo: "¿Por qué no iniciamos una clase de necesidades especiales?". Comenzamos el Club de los Campeones, y en los primeros meses, ¡trescientas familias nuevas se unieron a la iglesia! Entonces, otras iglesias oyeron acerca de esto y Craig les ayudó a comenzar sus propios ministerios de necesidades especiales. Hoy día hay más de treinta Clubes de los Campeones en siete diferentes naciones.

Del dolor a la ganancia

He aquí, tenemos por bienaventurados a los que sufren.

Santiago 5:11, RVR1960

Cuando experimente dolor, no se desanime. Prepárese porque está a punto de dar a luz. Hay un regalo en ese dolor. Hay un ministerio en ese dolor. Hay una bendición en ese dolor. No lo desperdicie. Busque las oportunidades. Dios está contando con usted para ayudar a otros que estén enfrentando lo mismo. ¿Puede Dios confiarle el dolor? Dirá usted: "Dios, no entiendo esto, pero confío en ti".

Recuerde, Dios tiene su mano en el termostato. Él tiene un propósito con él. No solo lo atraviesa, sino que crece a través de él. Si hace esto, su dolor se convertirá en su ganancia. Saldrá más fuerte, promovido y aumentado. De ese dolor dará a luz un nuevo nivel de su destino.

Bendecido por sus enemigos

Así fue como David triunfó sobre el filisteo: lo hirió de muerte con una honda y una piedra, y sin empuñar la espada.

1 Samuel 17:50

Si no fuera por Goliat, David sería conocido solamente como un pastorcillo. Goliat fue puesto estratégicamente en el camino de David; no para derrotarlo, sino para promoverlo. Sin Goliat, David nunca hubiera tomado el trono. Lo que parece un revés es realmente una preparación para llevarlo al trono.

Todos sabemos que Dios nos puede bendecir. Pero lo que no nos damos cuenta es que Dios puede usar a nuestros enemigos para bendecirnos. Lo que usted piensa que es una decepción que alguien ha causado, esa persona que lo dejó, ese compañero de trabajo que intenta hacerle quedar mal, ese amigo que lo traicionó, puede que no le agrade, pero no podría alcanzar su destino sin ello. Todo es parte del plan de Dios para llevarlo a donde se supone que debe estar.

No se trata de complacer a la gente

...hablamos como hombres a quienes Dios aprobó y les confió el evangelio: no tratamos de agradar a la gente, sino a Dios...

1 Tesalonicenses 2:4

Después que David derrotó a Goliat, nunca vuelve a leerse nada más sobre Goliat. Él fue creado para el propósito con David. Dios podría haber usado al rey Saúl, quien tenía la autoridad, para promover a David. Dios podía mover el corazón de Saúl y decirle: "Promueve a ese joven". Pero Él decidió bendecir a David a través de su enemigo Goliat, no a través de sus amigos. Por eso, no tenemos que aparentar con las personas y tratar de convencerlas de que les agrademos, pensando: *Quizá me den una buena oportunidad.* Dios no tiene que usar a sus amigos o colaboradores. Él puede usar a sus enemigos, a sus críticos, a quienes tratan de derribarlo. Así que no se queje de sus enemigos, porque Dios los usará para impulsarlo a usted.

7 de mayo

Subirá a otro nivel

*Me empujaron con violencia para que cayera, pero el
Señor me ayudó.*

Salmos 118:13

Parte del destino de Goliat era establecer
quién David era. De la misma manera, Dios
ha alineado conexiones divinas, personas que
van a ser buenas con usted, que lo animarán
y lo impulsarán hacia adelante. Él también ha
alineado personas que tratarán de detenerlo,
personas que intentarán hacerlo lucir mal y desanimarlo. Esos son los Goliats ordenados para
cruzarse en su camino. Si usted no entiende este
principio, se desanimará y pensará: *Dios, ¿por
qué me está pasando esto?* Esa oposición no está
ahí para detenerlo; está ahí para establecerlo.
Cuando usted venza, no solamente subirá a un
nuevo nivel de su destino, sino que todos a su
alrededor verán el favor de Dios en su vida.

8 de mayo

Todo lo puedo en Él

Todo lo puedo en Cristo que me fortalece.

Filipenses 4:13, RVR1960

Cuando nos informaron que los líderes de la ciudad de Houston estaban pensando en vender el Compaq Center, supe que debía ser nuestro. Pero hubo oposición para que adquiriéramos el edificio, particularmente de un alto líder ejecutivo que dijo: "Cuando la rana eche pelos será que Lakewood consiga ese edificio". Ese ejecutivo era uno de esos Goliats a quienes Dios coloca estratégicamente en nuestro camino.

Cuando escuché cuánto estaba en nuestra contra, un nuevo fuego, una indignación santa, se levantó dentro de mí. Cada vez que las cosas se ponían difíciles y estaba tentado a pensar que no iba a funcionar, me acordaba de sus palabras: *cuando la rana eche pelos*, e instantáneamente mi pasión volvía. Algunas veces Dios pondrá a un enemigo en su vida para mantenerlo estimulado.

Una mesa preparada

Aderezas mesa delante de mí en presencia de mis angustiadores…

Salmos 23:5

Cuando Dios lo hace atravesar por el oscuro valle de la oposición, lo hará de tal manera que todos sus enemigos puedan ver que Él lo ha bendecido. Lakewood está ubicada en la segunda autopista más concurrida de la nación. Cada vez que ese negociante que dijo que nunca obtendríamos el Compaq Center pasa por ahí, me imagino que algo le susurra a su oído: "Cuando la rana eche pelos".

Puede que usted se esté enfrentando a un enemigo similar en este momento: un enemigo de su salud, sus finanzas, una relación. Tenga esta nueva perspectiva: Dios está preparando una mesa en este momento donde aún sus enemigos, los incrédulos, los críticos, las personas que dijeron que no funcionaría, van a verlo bendecido, sanado, promovido, reivindicado, en una posición de honor e influencia.

Sin la traición

Jesús dijo: —Amigo mío, adelante, haz lo que viniste a hacer.

Mateo 26:50, NTV

Cuando Judas traicionó y trató de detener a Jesús, parecía como un desatino. Pero si no hubiera traicionado a Jesús, no habría habido una crucifixión, y sin la cruz no habría habido una resurrección, y sin la resurrección no habríamos tenido la redención. El hombre que vendió a Jesús por treinta piezas de plata fue clave para su destino.

¿Qué estoy diciendo? No se queje de esa persona que lo traicionó. Si lo abandonó, no lo hizo retroceder; lo preparó para avanzar. Si eso no hubiera sucedido, no llegaría a dónde se supone que usted debería estar. Si trataron de derribarlo o mintieron sobre usted, quizá no haya sido justo, pero nada sucede por accidente. Si Dios lo permitió, sabe cómo usarlo para su bien.

No es un accidente

Jesús sabía que el Padre le había dado autoridad sobre todas las cosas y que había venido de Dios y regresaría a Dios.

Juan 13:3, NTV

Cuando Jesús fue traicionado por Judas, qué si se hubiera molestado y hubiera dicho: "Dios, soy tu Hijo, ¿cómo pudiste permitir que uno de mis discípulos principales me traicionara?". Jesús sabía que Judas lo iba a traicionar, pero Él no trató de detenerlo. En su última cena estando juntos dijo: "Ve, apresúrate a hacer lo que vas a hacer". Jesús entendió que la traición era parte de su destino. Con demasiada frecuencia luchamos contra lo que no sale como queremos; nos molestamos y nos amargamos. Pero cuanto más tiempo vivo, más me doy cuenta de que nada sucede por accidente. Si usted mantiene la actitud correcta, Dios usará hasta la oposición para bendecirlo.

Demuéstreles que están equivocados

Y un siervo del Señor no debe andar peleando; más bien, debe ser amable con todos, capaz de enseñar y no propenso a irritarse.

2 Timoteo 2:24

Una vez hablé con un reconocido ministro. Por más de cincuenta años recorrió el mundo haciendo el bien. Pero en su pueblo natal, aunque hiciera cien cosas buenas, los editores del periódico local encontraban algo que no les gustaba y hacían un gran alboroto al respecto. Él tenía una perspectiva interesante. Me dijo: "Si no fuera por ese periódico, no hubiera logrado tanto. No solamente me mantuvo de rodillas, sino que me dio el coraje para demostrar que estaban equivocados". Al final de su vida, los editores del periódico escribieron un gran artículo en la primera plana que celebraba todo lo que él había hecho. Fue como si Dios hubiera esperado a propósito, porque sabía que esa oposición lo estaba mejorando, haciéndolo más determinado y más diligente.

El hierro afila el hierro

El hierro se afila con el hierro, y el hombre en el trato con el hombre.

Proverbios 27:17

Hay algunas cosas que no nos gustan, algunas cosas por las que incluso podemos estar orando para que Dios las quite, pero si Él las quitara, no alcanzaríamos nuestro máximo potencial. Esa oposición lo está haciendo más fuerte. Esas personas que tratan de derribarlo, traicionarlo, desilusionarlo; nada de eso lo puede desviar de su destino. Dios tiene la última palabra. Sí Él no lo ha removido, eso significa que está cooperando para su bien.

Dios coloca estratégicamente a los Goliats, los Judas, los críticos y la oposición en nuestra vida. Sin Goliat, usted no tomaría su trono; sin Judas, usted no alcanzaría su destino; sin los pesimistas, no se convertiría en todo lo que usted fue creado para ser.

Sea fiel a sus palabras

*Pues para que sepan que el Hijo del hombre tiene
autoridad en la tierra para perdonar pecados —se
dirigió entonces al paralítico— A ti te digo, levántate,
toma tu camilla y vete a tu casa.*

Marcos 2:10-11

En la escritura, cuatro hombres cargaron a un
paralítico para ver a Jesús. Cuando llegaron a la
casa, estaba tan abarrotada que lo tuvieron que llevar a la azotea y hacerlo bajar por en medio del te-
cho. En cierto punto, Jesús le dijo al hombre: "Tus
pecados te son perdonados". Algunos de los líderes
religiosos se ofendieron y comenzaron a murmu-
rar: "¿Quién se cree este que es? Solo Dios puede
perdonar pecados". Desafiado por sus críticas, Jesús les dijo: "¿Qué es más fácil decir: 'Tus pecados
te son perdonados', o 'Levántate, toma tu lecho
y camina'?". Para probarles que Él era el Hijo de
Dios, se volteó hacia el paralítico y le ordenó que
se levantara. El hombre se levantó, perfectamente
bien, y estoy seguro de que los líderes religiosos
casi se desmayaron.

Dios ve y oye

*En ese mismo instante,
Jesús supo lo que pensaban,
así que les preguntó: «¿Por
qué cuestionan eso en su
corazón»?...*

Marcos 2:8, NTV

En la lectura de ayer, si los líderes religiosos
no hubieran murmurado y criticado a Jesús,
quizá este hombre no habría sido sano. Jesús podría haberle perdonado sus pecados y seguir adelante. Pero justo en medio de sus murmuraciones,
Jesús lo sanó. Cuando la gente esté hablando de
usted, tratando de empujarlo y mantenerlo en un
lugar oscuro, no se preocupe; Dios ve y escucha.
Lo están colocando en la posición de ser bendecido grandemente. Usted no tiene que corregirlos. No se involucre en batallas que no importan.
Déjelos hablar. Al igual que con este hombre,
Dios usará a sus enemigos para bendecirlo. Algo
del favor que usted ha visto, algunas de las buenas
oportunidades, sucedieron debido a las personas
que intentaron detenerlo. Ellos lo colocaron en
una posición para ser promovido.

El aumento viene de camino

Así, pues, consideren a aquel que perseveró frente a tanta oposición por parte de los pecadores, para que no se cansen ni pierdan el ánimo.

Hebreos 12:3

Un hombre me dijo que su negocio había estado a punto de cerrar, y que uno de sus principales competidores había aparecido en un programa de radio, hablando de ello en una manera muy desfavorable. Parecía que ese sería el golpe final que acabaría con su negocio, pero eso atrajo la atención al negocio y clientes nuevos comenzaron a llamar. Hoy su negocio ha sobrepasado a la empresa de su competidor.

He aprendido a darle gracias a Dios por mis enemigos. Sin Goliat, David probablemente no hubiera llegado al trono; sin ese ejecutivo que estaba en nuestra contra, es posible que no hubiéramos tenido nuestro edificio. Usted necesita ver a cada enemigo, cada adversidad, cada desilusión bajo una nueva luz: la oposición no está allí para derrotarlo; está allí para incrementarlo, para hacerlo mejor.

17 de mayo

Prosperar a través de la adversidad

Isaac sembró en aquella región, y ese año cosechó al ciento por uno, porque el Señor lo había bendecido.

Génesis 26:12

A principios del siglo xx, un pequeño insecto llamado gorgojo del algodón estaba destruyendo los cultivos de algodón en Alabama, y nada estaba funcionando para deshacerse de ellos. Eventualmente todo lo que los granjeros podían hacer era ver cómo su sustento era devorado, una posición muy oscura en la cual estar. Pero un día uno de los granjeros tuvo una idea de plantar cacahuates y convenció a otros de intentarlo. Descubrieron que al gorgojo del algodón no le gustaba el sabor de los cacahuates. Sus cultivos prendieron de una manera que nunca habían visto antes. Hicieron más dinero con los cacahuetes en unos meses del que normalmente ganarían en todo el año. De hecho, cuando los gorgojos disminuyeron, muchos de los granjeros se quedaron con los cacahuetes. Dios usó al gorgojo para bendecirlos con prosperidad. Dios obra en maneras misteriosas.

18 de mayo

Peldaños

«Siéntate a mi derecha hasta que ponga a tus enemigos por estrado de tus pies».

Salmos 110:1

Al igual que los granjeros de la lectura de ayer, usted puede estar tratando con algunos gorgojos en su vida ahora mismo. Lo animo a que mantenga su fe; ya vienen los cacahuates. Lo que piensa que es un revés, en realidad es Dios preparándolo para algo nuevo. No se siente por allí quejándose acerca de lo que no funcionó y quién le hizo daño; eso es solo un gorgojo. Lo que parece que está ahí para destruirlo o herirlo, lo impulsará a un nuevo nivel. Dios dijo que pondría a sus enemigos por estrados de sus pies. Eso significa que cuando algo viene en su contra, ya sea persecución, traición o decepción, en lugar de permitir que sea una piedra de tropiezo que lo haga caer, si usted se mantiene creyendo, Dios convertirá las piedras de tropiezo en peldaños que lo lleven hacia arriba.

No se deje intimidar

No se dejen intimidar por sus enemigos de ninguna manera.

Filipenses 1:28, NTV

Yo era el más pequeño en nuestro equipo de pelota de pequeñas ligas. Cuando el entrenador contrario vio lo pequeño que era, colocó a los jardineros detrás del diamante. Cuando vi esto, pensé: *Él no sabe que yo soy hijo del Dios Altísimo. Todo lo puedo en Cristo.* Cuando el pícher lanzó la pelota, bateé como si tuviera diez pies (tres metros) de altura y la pelota voló por encima de sus cabezas hasta golpear la cerca. ¡Hice un jonrón dentro del parque! La próxima vez que fui a batear, ese entrenador les dijo a sus jardineros que ¡retrocedieran!

No se deje intimidar por lo que alguien dice o por cuán grande es el obstáculo. Usted está lleno de poder para accionar. La fuerza más grande en el universo está de su lado.

Multiplicación

Pero cuanto más los oprimían, tanto más se multiplicaban y crecían…

Éxodo 1:12, RVR1960

Después de la muerte de José, el pueblo de Israel que vivía en Egipto fue bendecido y aumentó grandemente en número, al punto de que muchos años después, el faraón tuvo temor de ellos y los puso bajo capataces como esclavos y los oprimían con trabajos forzados. Pero la Escritura dice: "Entre más el faraón los afligía, más los israelitas se multiplicaban". El faraón pensó que los estaba deteniendo, pero en realidad los estaba incrementando. A veces cuando Dios quiere promoverlo, no le envía una buena oportunidad; le envía un enemigo. Él hará que un supervisor posiblemente, aumente la presión. No se desanime; entre más oposición, más aumento. Quizá no le guste, pero crecemos bajo la presión; nuestro carácter se desarrolla y descubrimos talentos que no sabíamos que teníamos.

La presión lo hará llegar más lejos

... nos sentíamos como sentenciados a muerte. Pero eso sucedió para que no confiáramos en nosotros mismos, sino en Dios...

2 Corintios 1:9

Cuando usted quiere que el agua de la manguera llegue más lejos, usted pone su pulgar sobre la boca de la manguera y restringe la salida de agua. Cuando usted restringe el agua, la misma cantidad sale, pero como está bajo mucha más presión, va mucho más lejos.

De la misma manera, cuando el enemigo le pone presión, él piensa que lo detendrá. Lo que no se da cuenta es que toda la presión causará que usted llegue más lejos. Cuando se sienta restringido, cuando enfrente oposición, no se desanime. Prepárese para salir disparado. Prepárese para nuevos niveles. Prepárese para una promoción. Esa presión no lo detendrá; lo aumentará.

Triunfe sobre ello

"...y el que vivo, y estuve muerto; mas he aquí que vivo por los siglos de los siglos, amén. Y tengo las llaves de la muerte y del Hades".

Apocalipsis 1:18

Cuando Jesús estaba a punto de ser crucificado, fue al huerto de Getsemaní, que literalmente significa "el lugar de la prensa". Era un olivar. La única manera de obtener el valioso aceite de las aceitunas es prensándolas. Si nunca le presionan, si nunca tiene que estirar su fe, soportar, vencer y perseverar, nunca tocará los tesoros que Dios puso en su interior.

Un viernes, Jesús fue clavado en la cruz, increíble presión. El sábado, estaba en la tumba, luchando con las fuerzas de las tinieblas, restringido. Pero el domingo en la mañana, salió disparado de la tumba. La muerte no lo pudo retener. Un mensaje de la resurrección es que Dios usa nuestros enemigos para bendecirnos.

Para su bien

El sufrimiento me hizo bien, porque me enseñó a
prestar atención a tus decretos.

Salmos 119:71

Quizá hoy se sienta restringido, presionado, como si lo estuvieran exprimiendo. La presión hará que salga disparado y llegue más lejos. Cuando usted vea a dónde Dios lo lleva, el favor, la bendición, la promoción, usted mirará hacia atrás y dirá: "El sufrimiento me hizo bien". David le diría que fue bueno que Goliat apareciera. Los israelitas le dirían que fue bueno que el faraón los restringiera.

Ahora, permanezca en fe porque Dios lo tiene cubierto. Él no permitiría la presión si no fuera a obrar a su favor. Usted saldrá disparado, más fuerte, más saludable, promovido, reivindicado y mucho mejor de lo estaba antes. Un día dirá: "Ese enemigo no me derrotó; ese enemigo me bendijo".

Florezca

... la tierra baldía se alegrará y florecerá el azafrán de primavera.

Isaías 35:1, NTV

Nosotros ponemos mantillo en nuestros jardines en casa que incluye un fertilizante que usa estiércol como uno de sus ingredientes principales. Es residuo y, durante varios días después de que la aplicamos, huele realmente mal. Pero en un mes o dos el olor se va y las plantas están floreciendo. Ese fertilizante les da a las plantas nutrientes y minerales valiosos que no podrían obtener por sí solas.

De manera similar, todos pasamos por cosas en la vida que apestan. No nos gusta lo que pasó; algo no fue justo. Usted necesita tener una nueva perspectiva: eso es solo fertilizante. Lo que apesta, la traición, la decepción, la pérdida, lo están preparando para un nuevo crecimiento, para florecer, para abrirse, para convertirse en todo lo que usted fue creado para ser.

MAYO

25

Espere con paciencia

«Ciertamente te bendeciré y multiplicaré tu descendencia hasta que sea incontable». Entonces Abraham esperó con paciencia y recibió lo que Dios le había prometido.

Hebreos 6:13-15, NTV

Me gustaría decirle que, si usted solo confía en el Señor y hace lo mejor posible, cruzará a través de su vida sin dificultades, pero eso no es la realidad. Usted tendrá algún estiércol en su camino. Lo que quiero que vea es que Él no está obrando en su contra; está obrando a su favor. En lugar de deprimirse y pensar: *Esto apesta. No puedo creer que esto haya sucedido.* Tenga esta actitud: *Es solo más estiércol. Dios me está preparando para algo mayor.* La verdad es que usted no puede alcanzar su máximo potencial sin fertilizante. Si usted atraviesa por la peste con la actitud correcta y no le permite que le agrie su vida, Dios tomará lo que estaba destinado para su mal y lo usará para su bien. Llegará a una nueva temporada de crecimiento y oportunidades para llevarlo a nuevos niveles de su destino.

Prepárese | MAYO

Pero tú, ¡prepárate!

Jeremías 1:17

26

Quizá sienta que ya ha tenido más que suficiente porción de las cosas malolientes: mala racha, decepciones, sueños rotos. Anímese porque eso significa que tiene mucho fertilizante. Dios le está preparando para llevarlo a donde nunca ha estado. Este no es el momento de sentir lástima por usted mismo, pensando en todo lo que ha atravesado. Es el momento de prepararse. Dios permitió ese fertilizante para prepararlo para donde usted no podía ir por su cuenta. Depositó algo en su interior que solamente puede obtener pasando por medio de ello.

Deje de quejarse del fertilizante, acerca de quién le hirió y qué no funcionó, y por todo el estiércol que le echaron encima. Sin lo maloliente, usted no podría alcanzar su destino.

27 de mayo

Venza las probabilidades

¡Pero gracias a Dios, que nos da la victoria por medio de nuestro Señor Jesucristo!

1 Corintios 15:57

Había una jovencita cuyo padre murió cuando ella tenía seis años, cuya madre estaba enferma y necesita constante ayuda y cuyo hermanito necesitaba que ella fuera la mamá. Parecía que esta dificultad la retrasaría y evitaría que llegara a su destino. Pero solo porque algo sea injusto no significa que Dios no tenga todavía un futuro maravilloso frente a usted. Esta jovencita no tenía una mentalidad de víctima; tenía una mentalidad de vencedora. Era difícil, pero siguió haciendo lo mejor que podía, no permitiendo que pensamientos negativos la convencieran de dejar sus sueños. A pesar de todas las probabilidades acumuladas en su contra, se destacó en la escuela superior, recibió una beca completa para ir a una universidad importante, obtuvo su maestría y luego obtuvo su doctorado. Hoy día es extremadamente exitosa en el mundo corporativo y está felizmente casada y tiene tres hermosos hijos.

Venza

En realidad, todo el que es hijo de Dios vence lo
malo de este mundo, y todo el que confía en Jesucristo
obtiene la victoria.

1 Juan 5:4, TLA

¿Por qué algunas personas que crecen en situaciones difíciles batallan en la vida, viven
derrotados, desanimados y siempre sobrecogidos
por los problemas mientras que otros, como la
jovencita de la lectura de ayer, vencen las probabilidades en su contra, florecen y ven la bondad
de Dios en maneras asombrosas? La diferencia
se encuentra en cómo vemos la vida. Todos tenemos cosas apestosas; todos tenemos situaciones injustas, cosas que no nos gustan. Usted se
puede amargar, desanimar y agriarse o puede
verlo como fertilizante y decir: "Esta dificultad
no me derrotará; me promoverá. No me detendrá; me ayudará". Dios no lo habría permitido a
menos que tuviera un propósito. No lo atraviese
solamente; crezca a través de ello. Reconozca que
lo está fortaleciendo. Usted está desarrollando
carácter, perseverancia, confianza y seguridad.

Gloria a ser revelada

De hecho, considero que en nada se comparan los sufrimientos actuales con la gloria que habrá de revelarse en nosotros.

Romanos 8:18

Un tiempo difícil y tenebroso en su vida no tiene que mantenerlo alejado de su destino. De hecho, puede hacer todo lo opuesto. Lo puede propulsar a su destino. Lo que apesta en su vida en este momento y lo que no le gusta, puede ser justo lo que lo promueva y lo lleve a florecer. Sin fertilizante no podría alcanzar su máximo potencial. No se queje de la peste; hay promoción en esa peste. No se agrie por lo apestoso; hay un nuevo nivel en lo apestoso. No se desanime por el estiércol. Probablemente no le guste, pero eso es fertilizante.

El estiércol no huele bien, pero tiene nutrientes y minerales; lo está haciendo más fuerte. Eso es lo que lo prepara para el gran futuro que Dios tiene preparado.

Florecerá

Pero yo soy como un olivo verde que florece en la casa de Dios; yo confío en el gran amor de Dios eternamente y para siempre.

Salmos 52:8

La próxima vez que atraviese por una decepción o un revés, o el informe médico no sea bueno, puede ser honesto y decir: "Esto huele mal, pero sé un secreto. Es solo fertilizante. Me hará florecer, me hará prosperar". Cuando vea a esa persona en el trabajo que lo desespera y que no lo trata con respeto, en lugar de molestarse, sonría y dígase a usted mismo: "Tú eres fertilizante. Apestas, pero me estás ayudando a crecer. Piensas que me estás derribando, pero me estás impulsando hacia arriba".

Quizá sienta como que tiene demasiado fertilizante. Pero si usted tiene muchas cosas malolientes de las cuales quejarse, es porque Dios tiene un destino más grande frente a usted. Él le está preparando para las bendiciones.

Profundamente arraigado

Arráiguense profundamente en él y edifiquen toda la vida sobre él. Entonces la fe de ustedes se fortalecerá en la verdad que se les enseñó, y rebosarán de gratitud.

Colosenses 2:7, NTV

31 DE MAYO

Los hermanos de José lo vendieron como esclavo en Egipto, donde la esposa de su amo lo acusó falsamente de un crimen y lo echaron en prisión. Pasó trece años allí por algo que no hizo. Podría haberse deprimido y decir: "Dios, esto es injusto. Yo soy una buena persona". En cambio, dijo: "Esto es fertilizante. Están tratando de detenerme, pero Dios lo usará para aumentarme". No se dieron cuenta de que estaban abonándolo. José siguió creciendo, haciéndose fuerte; sus raíces profundizaron más en la fe. Toda esa injusticia, esas cosas malolientes, parecían como un desperdicio de años de su vida, pero, así como el fertilizante alimenta la planta con nutrientes y minerales, esa temporada oscura estaba haciendo una obra en José, preparándolo para la plenitud de su destino.

La última palabra

Vamos, matémoslo y tirémoslo en una de esas cisternas. Podemos decirle a nuestro padre: "Un animal salvaje se lo comió". ¡Entonces veremos en qué quedan sus sueños!

Génesis 37:20, NTV

1 DE JUNIO

José fue de la cisterna a la prisión y de ahí directamente al palacio. Usted puede sentir que está en la cisterna ahora mismo. Quizá haya tenido malos momentos, está tratando con una enfermedad, ha perdido a un ser querido o un sueño murió. Pero ese pozo no es el fin de su historia y la prisión no es el capítulo final. Su destino es el palacio. Dios lo destinó a vivir una vida victoriosa.

Si usted permanece en fe cuando está haciendo lo correcto, pero las cosas malas le siguen sucediendo, su tiempo vendrá para promoverlo, para bendecirlo, para reivindicarlo, y todas las fuerzas de las tinieblas no podrán detenerlo. La gente no tiene la última palabra. Dios tiene la última palabra. Él lo llevará a donde se supone que debe estar.

Cante una nueva canción

Y me hizo sacar del pozo de la desesperación... Puso
luego en mi boca cántico nuevo...

Salmos 40:2-3, RVR1960

Probablemente esté en el pozo como David dijo que había estado, pero necesita prepararse, porque usted saldrá. Esa depresión no es el final y esa adicción no es el capítulo final. La persona que lo abandonó no es el final. Si lo dejaron, no los necesitaba. Si lo dejaron, ellos no eran parte de su destino. Dios tiene a alguien mejor. Quiere poner una nueva canción en su corazón. No se acomode en el pozo. No permita que la autocompasión y el desánimo le roben su pasión. Cada bendición que Dios le prometió todavía Él tiene la intención de hacerla suceder. En su futuro hay sueños que se van a cumplir, con aumento, abundancia, promoción, salud y restauración. Eso es lo que está frente a usted. Es ahí donde su historia termina.

Manténgase en el terreno elevado

Ciertamente el Señor juzgará a su pueblo, y de sus siervos tendrá compasión.

Salmos 135:14

Hablé con un hombre que estaba sumamente molesto porque su jefe estaba celoso de él y le impidió ser promovido. Le dije: "Es solo fertilizante. Mantente en el camino alto, y Dios se encargará de tus enemigos. Estás por ver un nuevo crecimiento". Este hombre recuperó su pasión y fue a la oficina a ser lo mejor que podía, trabajando como para Dios y no para los hombres. Un día el director general de toda la empresa oyó a este hombre dar un informe y quedó sumamente impresionado. Como un año más tarde, quedó disponible una posición que normalmente habría sido para su jefe, pero el director general le ofreció el puesto a este hombre. Ahora en lugar de tener que trabajar para el jefe, ¡el jefe estaba trabajando para él! Un toque del favor de Dios y usted pasará del fondo al frente.

Está funcionando para usted

4

He visto sus caminos, pero lo sanaré; lo guiaré y lo colmaré de consuelo.

Isaías 57:18

Quizá a causa de un error que cometió, se siente como si su oportunidad estuviera acabada y perdida. Recuerde que Dios usa lo apestoso. Usted no puede florecer a todo lo que usted fue creado sin un poco de estiércol apestoso. No está obrando en su contra; Él está obrando a su favor. A veces nos buscamos problemas nosotros mismos. Tomamos malas decisiones y el acusador susurra en nuestro oído: "No te mereces ser bendecido. Es tu culpa. Dios no te ayudará". Pero Dios no desperdicia nada. Él sabe cómo sacar lo bueno de cada situación. Probablemente no sea buena, pero Él puede hacer que todo ayude a nuestro bien. Sea lo que fuere que le trajo eso apestoso a su camino, tiene que verlo solo como fertilizante. No lo detendrá; lo promoverá.

Voltéelo

*Entonces Jesús le dijo: —¡Yo
soy el Mesías!*

Juan 4:26, NTV

A la primera persona que Jesús le dijo que Él
era el Mesías fue a una mujer samaritana que
había tenido un pasado difícil, había cometido
muchos errores y había atravesado por algunas situaciones apestosas. Dios la usó como la primera
evangelista para esparcir la palabra a toda su ciudad de que Él era el Mesías. Dios tomó lo que el
enemigo había usado en su contra, su osadía con
los hombres, y lo volteó y le dijo en efecto: "Eso
te ha metido en problemas en el pasado, pero
voy a hacer que el enemigo pague. Voy a usar eso
para hacer avanzar el Reino".

Dios sabe cómo usar aquello por lo que
usted ha atravesado. Él no desperdicia sus experiencias. Puede que haya tomado malas decisiones, pero Él puede cambiar su desastre en su
mensaje. Él lo utilizará para ayudar a otros que
están pasando por lo mismo.

6 de junio

Nada es desperdiciado

«Ahora junten lo que sobró, para que no se desperdicie nada».

Juan 6:12

Un amigo mío pertenecía a una pandilla de motociclistas, usando drogas, entrando y saliendo de la cárcel. Un domingo en la mañana, estaba en un lugar tan tenebroso de depresión y tan drogado que decidió acabar con su vida. Pero encendió el televisor y allí estaba mi padre ministrando. Este joven condujo su motocicleta hasta Lakewood y el ujier lo llevó hasta el frente. Tenía su jaquet de cuero, tatuajes, barba, lo más malo que podía ser. Ese día sintió un amor que nunca había sentido y se arrodilló y dijo: "Dios, si eres real, ayúdame a cambiar. Te estoy dando mi vida". Hoy ese hombre es pastor de una iglesia, y tiene un ministerio de motocicletas. Dios no desperdicia aquello por lo que ha pasado. Lo utilizará para ayudar a otros que están tratando con lo mismo.

7 de junio

Bendición de los lugares oscuros

El que rescata del hoyo tu vida, el que te corona de favores y misericordias…

Salmos 103:4, RVR1960

Un joven armado entró a una escuela con un rifle de asalto y comenzó a disparar a los agentes de policía que rodeaban el edificio. Después que todo el mundo se dispersó, hizo una barricada en un pequeño cuarto donde la contable de la escuela se estaba escondiendo. En lugar de asustarse, logró que él comenzara a hablar con ella. Él le dijo que había dejado de tomar su medicina y que se sentía sin esperanza como si su vida no tuviera ningún propósito. Ella le contó lo desesperada que había estado y cómo Dios le había dado un nuevo comienzo y le había devuelto la vida. Ella dijo: "Si Dios lo hizo por mí, Él puede hacerlo por ti". El joven bajó el arma y salió pacíficamente, y nadie resultó herido. No se desperdicia nada: lo bueno, lo malo, lo doloroso. Dios sabe cómo sacar bendiciones de los lugares oscuros.

Espadas para su futuro

"...¿quién es este filisteo incircunciso, para que provoque a los escuadrones del Dios viviente?"

1 Samuel 17:26

Primera de Samuel 21 registra una de las veces cuando David huía del rey Saúl y necesitaba desesperadamente un arma. Le preguntó a un sacerdote si tenía una espada o una lanza que pudiera tomar prestada. El sacerdote tenía la espada de Goliat. David salió ese día con la espada que había sido destinada para derrotarlo, y usó esa misma espada para derrotar a otros.

Usted tiene algunas espadas para su futuro, cosas que ha vencido, batallas que ha ganado, enemigos que ha derrotado, desafíos que ha conquistado. Esas victorias están ahí para cuando las necesite. Fueron intencionadas para detenerlo, pero Dios sabe cómo no solo voltearlas, no solamente darle la victoria, sino cómo poner esa espada en su futuro. Eso le ayudará a vencer otros obstáculos.

Haga música

Yo buscaré la perdida,
y haré volver al redil la
descarriada; vendaré la
perniquebrada, y fortaleceré
la débil…

Ezequiel 34:16, RVR1960

Una pequeña ciudad en Suramérica fue construida sobre un vertedero. La gente pobre
que vive allí se gana la vida revisando la basura
para buscar cualquier cosa que puedan vender.
Pero un hombre llamado Favio Chávez quiso
ayudar. Decidió comenzar una escuela de música justo allí en el montón de residuos. Él y
un carpintero del pueblo hicieron instrumentos
de materiales que encontraban en la basura. Entonces Chávez enseñó a los niños a tocar. Ahora
tienen lo que ellos llaman la Orquesta de Instrumentos Reciclados y son invitados a tocar a
salas de conciertos llenas alrededor del mundo.
Las personas comenzaron a donar no solamente
instrumentos nuevos sino también dinero para
ayudar a los niños. Eso es lo que Dios hace. Él
toma los pedazos rotos de nuestras vidas, los
errores, las injusticias, lo que parece un desperdicio, y hace música de nuestro desastre.

Su poderosa mano

Humíllense, pues, bajo la poderosa mano de Dios, para que él los exalte a su debido tiempo.

1 Pedro 5:6

Quizá está atravesando por un tiempo difícil, pero Dios va usará aquello por lo que está atravesando para catapultarlo hacia adelante. La gente no lo puede detener, los malos momentos no lo pueden detener, la basura no lo puede detener, la injusticia no lo puede detener y los errores que haya cometido no tienen que detenerlo.

Dios lo tiene en las palmas de sus manos. Nada de lo que le ha sucedido ha sido desperdiciado. Todo es parte del plan para formarlo en lo que fue creado para ser. Probablemente no haya sido bueno, pero Dios puede hacer que todo ayude para su bien. Él puede tomar lo mismo que lo debería haber destruido y usarlo para propulsarlo. Las fuerzas que están a su favor son mayores que las fuerzas que están en su contra.

Siempre floreciendo

Será como árbol plantado junto a corrientes de aguas, que da su fruto en su tiempo, y su hoja no cae; y todo lo que hace, prosperará.

Salmos 1:3, RVR1960

11 DE JUNIO

Puede que esté en un pozo oscuro, pero está a punto de llegar a la cima. Deje ir lo que no funcionó, sacúdase la autocompasión, la duda y el desaliento, porque este es un nuevo día. Dios tiene nuevas montañas para que las escale. Sus mejores días no son sus ayeres; todavía están frente a usted. El enemigo no lucharía tanto en su contra si no supiera que Dios tiene algo increíble en su futuro. Puede ser difícil, puede apestar, pero recuerde que es fertilizante. Está trabajando a su favor. Usted está creciendo, se está fortaleciendo. Creo y declaro que usted está a punto de florecer. Hablo victoria sobre su vida, hablo restauración y hablo nuevos comienzos y bendiciones: salud, restauración, creatividad, justicia, reivindicación y abundancia.

El problema es la transportación

El Señor dirige nuestros pasos, entonces, ¿por qué tratar de entender todo lo que pasa?

Proverbios 20:24, NTV

Todos atravesamos por cosas que no entendemos, pero Dios usa las dificultades para movernos hacia nuestro destino. Nada sucede por accidente. Mirando hacia atrás en mi vida, veo la importancia de las veces cuando estaba más incómodo o cuando atravesé por decepciones. No me hizo sentido entonces, pero años más tarde entendí que si no hubieran sucedido, no hubiese nunca conocido a cierta persona o tenido la experiencia que necesitaba para un nuevo desafío. Si esa puerta no se hubiese cerrado, no se hubiese abierto una puerta más grande.

Ahora puedo ver que todo el tiempo Dios estaba dirigiendo mis pasos. Yo pensaba que estaba retrocediendo, pero Él me estaba preparando para moverme hacia adelante. La verdad es que el problema era la transportación; me estaba llevando a mi destino.

A través de todo

Muchas son las angustias del justo, pero el Señor lo librará de todas ellas...

Salmos 34:19

Usted no se convertirá en todo para lo que fue creado para ser sin tribulaciones. Usted no crece en los buenos tiempos; crece en los tiempos difíciles, en los tiempos oscuros. Las tribulaciones lo preparan para su próximo nivel. Las tribulaciones desarrollan algo en usted que no puede obtener cuando todo es fácil y todo le está saliendo bien. En los tiempos difíciles sus músculos espirituales se desarrollan y usted gana fuerza, resistencia y sabiduría.

Cada desafío por el que ha atravesado ha depositado algo en usted. A través de cada relación que no ha funcionado, a través de esos tiempos cuando alguien le hizo daño, usted ganó experiencia que le ayudará en el futuro. Las veces cuando fracasó, cuando cometió una equivocación, no fueron desperdiciados; obtuvo una perspectiva. Todo fue parte del plan de Dios.

Usted es extraordinario

14

Dios es nuestro amparo y nuestra fortaleza, nuestra ayuda segura en momentos de angustia.

Salmos 46:1

Cuando los problemas se manifiestan en nuestro camino, es fácil desanimarse. Pero Dios no lo hubiera permitido si no fuera a obrar a su favor. Es por eso que debe dejar de quejarse y desanimarse porque la vida le ha dado una mano difícil. La razón por la que tiene grandes desafíos es porque tiene un gran destino. La persona promedio tiene problemas promedios; las personas ordinarias tienen desafíos ordinarios. Usted no es promedio. Usted es un hijo del Dios Altísimo. El Creador del universo sopló su vida en usted. Él le coronó con su favor. Puso semillas de grandeza en su interior. Usted no es ordinario; usted es extraordinario. No se sorprenda si enfrenta desafíos extraordinarios. Es porque usted tiene un destino extraordinario. Dios lo está preparando para bendiciones mayores de las que usted puede imaginar.

Su propósito permanece

Tracen su estrategia, pero será desbaratada; propongan su plan, pero no se realizará, porque Dios está con nosotros.

Isaías 8:10

El decreto de faraón de que las parteras debería matar a los bebés hebreos varones, amenazó la vida del bebé Moisés. Algunos dirían que fue una lástima que haya nacido en el momento equivocado. Escondido en una canasta entre los juncos a lo largo de la orilla del río Nilo, la vida de Moisés podría haber terminado por mil cosas, pero nada de eso fue una sorpresa para Dios. Nada de eso canceló el propósito de Moisés. Dios tiene la última palabra. La gente no determina tu destino; Dios lo hace.

Dio la casualidad de que la hija del faraón descubrió la pequeña canasta flotando entre los juncos y estaba tan emocionada con el bebé hebreo que lo recogió y dijo: "Voy a tomar este bebé como si fuera mío". ¡Y así Moisés fue criado en el palacio de la hija de faraón!

16 de junio

Parte de su plan

Tu palabra, Señor, es eterna, y está firme en los cielos.

Salmos 119:89

Dios usó el oscuro decreto del faraón que amenazaba la vida de Moisés para llevar a Moisés a donde él quería que estuviera. El problema era parte del plan de Dios. Si Moisés hubiese crecido en el ambiente limitado donde había nacido, no hubiese aprendido lo que necesitaba para su destino. En el palacio, aprendió lo mejor de la civilización egipcia, sobre negocios, liderazgo, cómo hablar a la gente, y otras más.

En el momento que Moisés fue sacado de su hogar, estoy seguro que su madre no podía entenderlo. Pero muchos años después, cuando Dios le dijo a Moisés que regresara a Egipto y le dijera a faraón: "Deja salir a mi pueblo", Moisés pudo entrar a la corte de faraón con confianza porque él había vivido en un palacio y había sido criado por la realeza.

Al próximo nivel

*Dichoso el que resiste la tentación porque, al salir
aprobado, recibirá la corona de la vida…*

Santiago 1:12

¿Qué fue lo que había preparado a Moisés para
sacar a los israelitas de Egipto? Los problemas.
Fue el haber nacido en una situación disfuncional,
tener las dificultades acumuladas en su contra. Si
el faraón no hubiese puesto el decreto, Moisés hubiese crecido en su propio hogar, pero como un
esclavo con educación limitada. Así las cosas, creció
en un ambiente real y conocía el protocolo egipcio
y no fue abrumado por la corte del faraón.

Dios sabe lo que está haciendo. Puede que
no le gusten los problemas, puede que no sea
justo, no se siente cómodo, pero el problema
es el transporte. Como lo hizo con Moisés, los
problemas le llevan al siguiente nivel de su destino. Le están preparando. No sería quién es
hoy sin todas las cosas por las que ha atravesado.

Preparado para la guerra

Dios no los llevó por el camino que atraviesa la tierra de los filisteos, que era el más corto, pues pensó: «Si se les presentara batalla, podrían cambiar de idea y regresar a Egipto».

Éxodo 13:17

La escritura dice que Dios no condujo a los israelitas por el camino más corto hacia la Tierra Prometida porque no estaban listos para la guerra. Tenía que fortalecerlos para que estuvieran preparados para lo que tenía para ellos. No se desanime por el problema y diga: "Dios, ¿por qué me está pasando esto?". Ese problema no lo derrotará; lo promoverá. No lo está deteniendo; lo está preparando. Quizá no pueda ver cómo se pueda resolver, pero Dios tiene un camino a través de la oscuridad. Ya ha alineado a las personas correctas. Como lo hizo por Moisés, Él tiene una hija de faraón que va a estar allí para hacerle bien. Él tiene las oportunidades que usted necesita, la reivindicación, los fondos y la sanidad.

Confíe en todo momento

*Los que confían en el Señor
son como el monte Sión, que
jamás será conmovido, que
permanecerá para siempre.*

Salmos 125:1

Usted confía en Dios cuando todo está bien,
así que, ¿por qué no confía en los momentos
de tribulación? ¿Por qué no creer que, aunque
usted no lo entienda, todavía Él está dirigiendo
sus pasos? Usted no tiene que vivir sintiéndose
estresado porque tuvo un mal momento o desalentado porque pasó por una decepción. Ese
problema significa que usted está en camino a
su destino. Si usted se mantiene en fe, verá a
Dios comenzar a conectar los puntos. Usted
verá que había una razón por la que esa puerta
se cerró y una razón por la que no obtuvo esa
promoción. Dios tiene algo mejor preparado.
Él estaba usando ese problema para llevarlo a
su destino.

No es el fin

El Señor está cerca de los quebrantados de corazón, y salva a los de espíritu abatido.

Salmos 34:18

Mike Ilitch fue un gran jugador de pelota en la escuela superior quien soñó jugar para los Tigres de Detroit y se le ofreció un contrato de cuatro años para jugar en las ligas menores del equipo en el 1952. Estaba emocionado, trabajó duro y siguió mejorando y mejorando, pero después de tres años, una grave lesión de rodilla lo forzó a dejar de jugar. Estaba bastante decepcionado. Todo por lo que había trabajado tan duro de pronto llegó a su fin. Comenzó a hacer pizzas en el restaurante de un amigo y se hizo tan bueno que inició su propio restaurante de pizzas. A la gente le gustaba su pizza y su restaurante, Little Caesars, y fue tan exitoso que abrió otro y otro y otro. Sí, esa lesión en la rodilla fue una gran decepción, pero no fue el fin. Fue el medio de transportación; lo llevó a su destino.

Una mejor manera

«*Sean fuertes y valientes. No teman ni se asusten ante esas naciones, pues el Señor su Dios siempre los acompañará; nunca los dejará ni los abandonará*».

Deuteronomio 31:6

21 DE JUNIO

El sueño de mi amigo Mike Ilitch de jugar con los Tigres de Detroit nunca sucedió, pero hoy ¡es dueño de los Tigres! Su sueño no salió a su manera, pero Dios tenía un camino mejor. Una lesión devastadora de su rodilla lo llevó a comenzar lo que sería Little Caesars Pizza.

"Bueno, Joel, algo como eso nunca me sucedería a mí". ¿Cómo lo sabe? Su historia no ha terminado. Dios no ha acabado con usted. Ese mal momento, esa decepción, ese divorcio no es su capítulo final. Si usted hace lo que Mike hizo y sigue siendo lo mejor que pueda ser, y sigue creyendo, sigue orando, sigue honrando a Dios, entonces los problemas no serán el fin; serán su medio de transporte. Lo llevarán hacia lo nuevo que Dios tiene preparado.

Amplíe su visión

Ensancha el espacio de tu carpa, y despliega las cortinas de tu morada. ¡No te limites!

Isaías 54:2

Lo que está soñando puede ser demasiado pequeño. Esa puerta puede haberse cerrado, porque Dios tiene algo más grande para usted. Usted hoy está trabajando para una empresa, pero un día será propietario de su propia empresa. Piensa que estará soltero por el resto de su vida, pero Dios traerá a alguien que es mejor de lo que haya imaginado. Ese problema no es el fin.

Le estoy pidiendo que confíe en Él en tiempos de pruebas. Atrévase a creer que Él está en control, que sabe lo que es mejor, que sus pasos y sus pausas están ordenados por el Señor. Es una actitud poderosa cuando usted puede decir: "Dios, confío en ti en medio de los problemas. Confío en ti cuando las cosas no están saliendo a mi manera. Confío en ti, aunque sienta como si estuviera retrocediendo".

Con todo poder

...fortalecidos con todo poder, conforme a la potencia de su gloria, para toda paciencia y longanimidad.

Colosenses 1:11

Muchas veces estamos tratando de orar para que se vayan nuestros problemas, oramos para que se vayan los desafíos, oramos para que se vayan los malos momentos. Pero esta es la clave: usted no es ungido para evitar los problemas, usted es ungido para enfrentar los problemas. La Escritura dice: "Dios siempre está dispuesto a ayudar en tiempos de dificultad". No va a detener cada dificultad y cada mal momento, pero Él le dará la fuerza, el poder y la gracia para atravesar los momentos oscuros con una buena actitud. En el Salmo 89, Dios no dijo: "Voy a ungir a David para que no tenga ninguna oposición o problemas". Dijo: "Lo estoy ungiendo para enfrentar los problemas. Sus enemigos no obtendrán lo mejor de él. Derrocaré a sus adversarios y venceré a sus enemigos. Él subirá al poder por mí".

Ungido para el problema

"...lo ungí [a David] con mi aceite santo. Con mi mano lo mantendré firme, con mi brazo poderoso, lo haré fuerte. Sus enemigos no lo vencerán...con mi autoridad crecerá en poder".

Salmos 89:20-24, NTV

Deje de decir: "¡Ya no puedo más! Es demasiado". Dios está soplando en su dirección, afirmándolo y fortaleciéndolo. No tiene que pelear esas batallas o vivir estresado porque las cosas no pasan como usted quiere. Dios derrotará a sus enemigos. Esa enfermedad, ese asunto legal, ese problema en el trabajo no lo vencerá. ¿Por qué? Usted ha sido ungido para enfrentar los problemas. Usted es poderoso, determinado, favorecido. El Dios Altísimo dice que se levantará en poder. Significa que verá aumento, promoción, sanidad y bendición. El problema lo está moviendo hacia el próximo nivel. Dios comenzará a conectar los puntos en su vida. Quizá no haga sentido ahora, pero un día mirará hacia atrás y verá lo que Dios estaba haciendo en la oscuridad.

"Prepárate, mantente alerta, tú y toda la multitud que está reunida a tu alrededor; ponlos bajo tu mando".

Ezequiel 38:7

Un par de años después de que Victoria y yo nos casamos, vendimos una casa y nos mudamos a un sitio diferente. Tres meses después, las personas que habían comprado nuestra casa nos estaban demandando por la plomería. No habíamos hecho nada malo, pero yo estaba tan nervioso y preocupado por tener que ir a la corte y dar mi deposición que me enfermé. Cuando se retiró la demanda parecía como si todo hubiera sido un desperdicio de tiempo y dinero.

Pero dieciséis años después, cuando adquirimos el Compaq Center, una empresa nos demandó tratando de evitar que nos mudáramos. Esta vez estaba confiado, seguro y claro en mi deposición. Dios usó la demanda anterior para prepararme para una demanda que podía afectar mi destino. Ahora me doy cuenta que ese problema era un medio de transportación.

26 de junio

Paso por paso

La justicia irá delante de él, y sus pasos nos pondrá por camino.

Salmos 85:13, RVR1960

Cuando José era un adolescente, Dios le dio un sueño de que había sido destinado para grandeza, pero antes de que ese sueño se cumpliera, pasó por una serie de lugares bien oscuros. Hubo muchos años en los que hizo lo correcto, pero sucedía lo incorrecto. Sin embargo, cuando usted estudia la vida de José, puede ver cómo Dios conectó los puntos. Siendo echado en la cisterna por sus hermanos lo condujo a ser vendido a un hombre llamado Potifar en Egipto, lo cual lo condujo a ser falsamente acusado y puesto en prisión. En prisión conoció al jefe de los coperos y al panadero y les interpretó sus sueños, lo cual lo condujo a interpretar el sueño del faraón y a ser puesto a cargo de la nación. Si deja un paso afuera, los otros no trabajarían. Cada paso fue divinamente orquestado y estaba moviendo a José hacia su destino.

27 de junio

Siga haciendo lo correcto

Dios es poderoso, pero no rechaza al inocente; Dios es poderoso, y todo lo entiende.

Job 36:5

Como fue cierto en la vida de José, tiene que creer que lo que parece una desilusión, una traición o un revés es parte del plan de Dios. Es transporte. Le está moviendo poco a poco a través de la oscuridad hacia su destino. Dios sabe lo que está haciendo. Dios sabía que Él iba a necesitar a alguien a cargo en Egipto quien les mostrara favor a los israelitas. Así que años antes, comenzó su plan para colocar a José en posición. Lo que parecían problemas en realidad era la mano de Dios. Los hermanos de José le quitaron la libertad, pero no pudieron quitarle el llamado en su vida. Lo que la gente le quite no detiene su propósito. Manténgase haciendo lo correcto a pesar del problema y un día Dios conectará los puntos para usted, así como lo hizo con José.

Usted está en ruta

Los justos claman, y el Señor los oye; los libra de todas sus angustias.

Salmos 34:17

Dios nos libera de problemas, pero considérelo en una luz diferente. La oficina postal recoge un paquete en Nueva York y los operadores lo entregan en California. *Entregar* significa que lo transportan de un lugar a otro. Quizá tenga que pasar por cinco paradas diferentes a lo largo del camino antes de ser entregado. En esa misma manera, en este momento, Dios lo está rescatando de las dificultades. Usted está en curso, el proceso ha comenzado y quizá haya algunas paradas a lo largo del camino. Pero no se preocupe, todavía no ha sido entregado. Usted está endeudado, pero Dios lo está entregando a abundancia. Está tratando con la depresión, pero Dios lo está entregando al gozo. Cuando esos pensamientos le digan: *Este problema es permanente; Nunca cambiará*; solo responda: "No, estoy siendo entregado. Este problema no me detendrá; me transportará".

Restauración

Pero yo te restauraré y sanaré tus heridas —afirma el Señor.

Jeremías 30:17

Victoria Arlen tenía once años cuando su salud deterioró de momento y terminó en el hospital en un estado vegetativo. A pesar de las noticias devastadoras, la familia de Victoria creía que Dios todavía estaba en control y que restauraría su salud. Dos años después, despertó por dentro y podía oír a los doctores y a su familia y los domingos podía oírnos en la televisión hablando acerca de cómo Dios es nuestro sanador. Atrapada en su cuerpo inmóvil, Victoria decía en su mente: *Así no es como termina mi historia.* Tres años después que su cuerpo se había paralizado, pudo abrir sus ojos y lentamente pudo aprender a hablar, moverse y comer de nuevo. Casi diez años después de entrar en un estado vegetativo, dio sus primeros pasos sin ayuda. Ahora ya no necesita la silla de ruedas ni las muletas.

Él lo sacará

*Orará a Dios, y él recibirá
su favor; verá su rostro y
gritará de alegría, y Dios lo
hará volver a su estado de
inocencia.*

Job 33:26

30 DE JUNIO

La lectura de ayer fue una breve narración del difícil viaje de diez años de Victoria Arlen a la salud restaurada. Esta bella dama se convirtió en una de las personalidades más jóvenes en el aire para ESPN. Ella también es una actriz, una modelo y una oradora motivacional. Amigo, el problema es el transporte. Victoria me dijo: "No escogería lo que me sucedió, pero no lo cambiaría". Estaba destinado a causar daño, pero Dios lo cambió y lo usó para bien. Usted puede sentir que está atrapado en sus circunstancias, en una adicción, en la mediocridad. Usted piensa que nunca saldrá. Pero, así como fue cierto para Victoria, así no es como termina su historia. El Dios que la rescató a ella es el Dios que lo rescatará a usted. Ese problema le empujará a un nivel de su destino que nunca hubiera experimentado sin él.

En toda circunstancia

Y Dios puede hacer que toda gracia abunde para ustedes, de manera que siempre, en toda circunstancia, tengan todo lo necesario, y toda buena obra abunde en ustedes.

2 Corintios 9:8

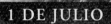

1 DE JULIO

El problema no lo detendrá. Usted no elegiría por lo que ha atravesado, pero cuando ve cómo Dios lo vuelve para su beneficio y abre nuevas puertas, dirá: "No lo cambiaría".

Sacúdase de la autocompasión, sacúdase del desaliento. Usted está ungido para ese problema. Quizá no entienda lo que está sucediendo. Puede parecer que está yendo en la dirección equivocada, pero Dios está en control. Ese problema no lo vencerá. Puede parecer un revés, pero en realidad es una preparación para que Dios haga algo mayor. Si confía en Dios mientras se encuentra en el problema, ese problema se convertirá en su medio de transporte. Dios abrirá nuevas puertas, cambiará las situaciones imposibles y le llevará a la plenitud de su destino.

Él lo levantará

¡Levántate, Señor! ¡Levanta, oh Dios, tu brazo! ¡No te olvides de los indefensos!

Salmos 10:12

Conocí a un hombre hace un tiempo que había sido despedido después de veinticinco años con su empresa. Había sido un empleado fiel, dándole lo mejor, lo más leal que podía serlo. Se sentía traicionado, solo y olvidado, como si lo hubieran dejado caer. Él no está solo al sentirse de esa manera. Tengo un amigo cuyo padre murió en un accidente cuando tenía dos años, y a lo largo de sus años de escuela pensó: *¿Por qué todos los demás tienen un papá, pero yo no?* Había un vacío en su interior. Sentía que había sido dejado caer de pequeño.

Puede que le hayan dejado caer, pero el Dios que servimos sabe cómo levantarlo. David dijo: "Me sacó del hoyo de la desesperación [...] y puso mis pies sobre peña".

Su historia no termina allí

Mis padres podrán abandonarme, pero tú me adoptarás como hijo.

Salmos 27:10, TLA

Algunas veces las malas decisiones de otras personas nos afectan negativamente. Quizá usted creció en un ambiente poco saludable y ahora está tratando con las mismas adicciones, la misma depresión y la misma ira que le rodearon cada día cuando era un niño. Esas cosas se siguen pasando de una generación a otra. Algunas personas fueron víctimas de abuso o maltrato; ahora enfrentan la vergüenza y la culpa, sienten que no están a la altura. No fue su culpa. Alguien los dejó caer.

David fue dejado caer por las personas que venían en su contra, por rechazo, por decepciones y por sus propios fracasos, pero Dios le dijo algo semejante: "No te preocupes David, esa caída no es el fin". De la misma manera, ese mal momento, ese fracaso, esas personas que le hicieron mal, esa enfermedad, esa adicción, ese dolor crónico, no es el fin de su historia.

Esté listo para el doble

Disfrutarán de una doble honra en lugar de vergüenza y deshonra. Poseerán una doble porción de prosperidad en su tierra, y una alegría eterna será suya.

Isaías 61:7, NTV

Si a usted le han dejado caer, necesita prepararse. Dios está a punto de levantarlo. Está a punto de llevarlo a un lugar más alto. Va a llevarlo a donde no pueda ir por sí solo; a un nuevo nivel, a nuevas oportunidades, a nuevas amistades, a nueva salud, a nuevo gozo, a nueva realización. Usted no saldrá igual. La escritura habla acerca de cómo Dios le pagará el doble por las cosas injustas que le sucedieron.

Dios es un Dios de justicia. Él ha visto cada noche solitaria, cada mal que le han hecho y cada persona que alguna vez le ha hecho daño. Cuando usted tiene un mal momento y le dejan caer, no se desanime ni se amargue. Prepárese para el doble. Prepárese para extenderse. Prepárese para el favor. Prepárese para nuevos niveles.

Él actuará

Bien he visto la aflicción de mi pueblo... y he descendido para librarlos de mano de los egipcios.

Éxodo 3:7-8, RVR1960

Cuando los israelitas estaban siendo maltratados en esclavitud, Dios les dijo: "Voy a descender para rescatarlos, para traer justicia y para levantarlos". ¿Observó lo que causa que Dios descienda del trono, lo que hace que el Creador del universo detenga lo que está haciendo y actúe? Cuando lo ve siendo maltratado, cuando ve esa injusticia, no se sienta y dice: "Que lástima". Él dice: "Ese es mi hijo, esa es mi hija, mi posesión más preciada. Han sido dejados caer, y ahora descenderé para hacer algo al respecto". Cuando Dios obra, ninguna fuerza de las tinieblas lo puede detener. Él le dará su retribución, lo indemnizará por las dificultades y lo llevará a donde se supone que debe estar.

Nunca lo olvidará

Grabada te llevo en las palmas de mis manos...

Isaías 49:16

Todos somos dejados caer en la vida. Es fácil sentirse solo y olvidado, como si no importara. Pero no crea esas mentiras. Cada vez que Dios abre sus manos, Él ve su nombre. Lo recuerda. Dios dijo en el libro de Isaías: "...yo no los olvidaría a ustedes. Mira, he escrito tu nombre en las palmas de mis manos". Quizá haya tenido malos momentos, algunas puertas cerradas, algunas personas que no lo trataron bien, pero Dios no se ha olvidado de sus sueños, no ha olvidado las promesas que le ha dado, no ha olvidado al bebé que usted ha anhelado tener, esa sanidad, esa recuperación, esa libertad que necesita. Manténgase en fe. La vida nos sucede a todos nosotros, y quizá usted haya sido dejado caer, pero recuerde que es solamente temporal. Dios lo ve. Él no solamente lo levantará; sino que lo llevará a un lugar más alto de bendición. Usted saldrá mejor de lo que era antes.

7 de julio

La justicia viene de camino

El Señor no rechazará a su pueblo, no abandonará a su posesión más preciada. El juicio volverá a basarse en la justicia...

Salmos 94:14-15, NTV

Mefiboset estaba destinado a un día tomar el trono. Pero cuando tenía cinco años, su padre, Jonatán y su abuelo, el rey Saúl, fueron muertos en batalla. En pánico, su niñera lo cargó y salió corriendo tan rápido como pudo para salvar la vida del muchacho. Tenía buenas intenciones, pero en su prisa, lo dejó caer. Se le rompieron ambas piernas y quedó lisiado para el resto de su vida. Él no hizo nada malo. No fue su culpa. Sin embargo, tuvo que pagar el precio del error de otro.

Si sigue el resto de la historia de Mefiboset, verá que Dios no dijo: "Que lástima, muchacho, de veras que te ha ido mal". Más bien, Dios dijo: "Sí, te dejaron caer, pero ese mal momento no es el fin. Voy a compensarte por lo que sucedió".

No pasó desapercibido

Mas tú, Jehová, eres escudo alrededor de mí; mi gloria, y el que levanta mi cabeza.

Salmos 3:3, RVR1960

En la lectura de ayer, la niñera de Mefiboset tenía buenas intenciones, pero lo dejó caer. A veces, personas bien intencionadas nos pueden dejar caer. No tienen la intención de lastimarnos, pero probablemente cometieron un error y dijeron o hicieron algo que no deberían haber dicho o hecho. Estaban trabajando duro, batallando para salir adelante, y nos apoyaron cuando los necesitábamos. O tenían malos hábitos, adicciones que les fueron heredadas, y que ahora nos han heredado a nosotros. No fueron malas personas; sus corazones estaban a nuestro favor, pero nos dejaron caer. Ahora estamos lisiados con baja estima propia, con adicciones, con negatividad, con depresión.

Pero nada pasa desapercibido para nuestro Dios. Él nos está diciendo: "Sí, la vida no te ha tratado justamente, pero no puede mantenerte alejado de tu destino. Vengo a levantarte".

Hay realeza en su sangre

"Como madre que consuela a su hijo, así yo los consolaré a ustedes; en Jerusalén serán consolados".

Isaías 66:13

Mefiboset era el nieto de un rey, tenía realeza en su sangre y estaba destinado al palacio. Pero terminó viviendo en un lugar llamado Lo Debar, que era una de las ciudades más pobres, más descuidadas de su época; un lugar oscuro. Pasó un año tras otro, y estoy seguro de que pensó: *Todos se han olvidado de mí. Solía tener grandes sueños y la vida me emocionaba, pero véanme ahora. Estoy lisiado y viviendo en los barrios bajos. Todo porque alguien me dejó caer. Esto nunca cambiará.*

Pero Dios vio la pobreza y la escasez en la que estaba viviendo. Dios no solamente se sentó y dijo: "Mefiboset, tu niñera realmente echó a perder tu vida". Más bien, Dios dijo: "No te he olvidado. Tengo a David y a Jerusalén en tu futuro. Solo espera y ve".

El favor viene

Dijo David: ¿Ha quedado alguno de la casa de Saúl, a quien haga yo misericordia por amor de Jonatán?

2 Samuel 9:1, RVR1960

10 DE JULIO

Un día, cuando ya el rey David se había establecido en el trono de Israel, tuvo el deseo de mostrar bondad a la familia de Saúl. ¿Por qué querría David ser bueno con la familia de uno de sus enemigos? Eso no hacía sentido. Pero Dios estaba susurrando al oído de David, poniendo un deseo en él de ser bueno con alguien que había sido dejado caer, a saber: con Mefiboset.

Usted puede sentirse atascado en un lugar oscuro, pero Dios le va a susurrar en el oído a alguien para que sea bueno con usted. Usted no lo merece, no se lo ganó y no podría hacerlo suceder por sí mismo, pero alguien le dará una buena oportunidad, alguien se levantará y resolverá el problema. La restauración viene, la promoción viene, el favor viene y los nuevos comienzos vienen.

Ha llegado su tiempo

Todo tiene su momento oportuno; hay un tiempo para todo lo que se hace bajo el cielo...

Eclesiastés 3:1

11 DE JULIO

Mefiboset se había estado escondiendo, viviendo en una ciudad pobre llamada Lo Debar, esperando que nadie supiera que tenía parentesco con el rey Saúl. Después de todo, Saúl no había tratado bien a David. Imagínese lo que la gente pensó cuando los funcionarios del rey David se presentaron buscando a este hombre lisiado. Todo el pueblo estaba agitado, alborotado de emoción. Cuando finalmente le llegó la noticia a Mefiboset, estoy seguro que pensó: *Me encontraron. Ahora se van a deshacer de mí.* Los oficiales dijeron: "Venga con nosotros ahora mismo. El rey lo está convocando".

Dios sabe cómo hacer que sucedan cosas que nunca podríamos lograr. Dios es un Dios de justicia. El Rey de todo el universo estaba diciendo: "No, ha llegado tu hora. Te voy a sacar de este lugar oscuro".

Es solo el comienzo

Bendito sea el Señor, Dios de nuestros antepasados,
que puso en el corazón del rey...

Esdras 7:27

Cuando David fue al encuentro con Mefibo-set, estoy seguro que espera ver a un hombre alto, fuerte, apuesto como su abuelo el rey Saúl. Saúl tenía el aspecto de un rey, tenía una presencia que exigía respeto y caminaba como realeza. Pero cuando David vio al frágil Mefiboset, con sus piernas marchitas, pudo imaginármelo preguntándole a su asistente: "¿Estás seguro de que este es el nieto de Saúl? David estaba intrigado y preguntó: "¿Mefiboset?". Su pregunta claramente daba a entender: "¿Qué te pasó?". Mefiboset había caído rostro en tierra y está demasiado avergonzado, demasiado inseguro, y demasiado asustado para mirar a David. Él exclamó: "¡He aquí tu siervo!".

Pero Dios había puesto en el corazón del rey que fuera bueno con Mefiboset, y en lugar de este ser el final, fue realmente su comienzo.

Sentado a la mesa del rey

No temas, pues en memoria de tu padre Jonatán
he decidido beneficiarte. Voy a devolverte todas las
tierras que pertenecían a tu abuelo Saúl, y de ahora
en adelante te sentarás a mi mesa.

2 Samuel 9:7

Cuando Mefiboset fue traído a la presencia de David, tenía tanto miedo que estaba temblando pensando que era el fin. Pero David dijo: "Mefiboset, no tengas miedo. De ahora en adelante vas a vivir aquí en el palacio conmigo. Voy a darte todas las tierras que pertenecían a tu abuelo, el rey Saúl. Te voy a dar todo el personal que labrará la tierra por ti, y tú te quedarás con todas las ganancias. Y siempre te sentarás a mi mesa y cenarás conmigo; no allá con el personal, no con mis asistentes ni con mis líderes militares. Tú tienes un asiento permanente en la mesa del rey".

Usted puede que le hayan hecho caer, pero necesita prepararse porque hay un asiento en la mesa del Rey esperando por usted.

Reine en vida

...porque todos los que lo reciben vivirán en victoria sobre el pecado y la muerte por medio de un solo hombre, Jesucristo.

Romanos 5:17, NTV

Usted tiene sangre real fluyendo por sus venas. El Dios Altísimo sopló su vida en usted. Le coronó con favor y le destinó a vivir en el palacio. Ese es un lugar de bendición, un lugar de plenitud, un lugar de victoria. Quizá haya tenido malos momentos, pero todavía sigue siendo realeza. Todavía tiene el ADN del Dios Todopoderoso. Es tiempo de retribución. Hay un asiento en la mesa del Rey con su nombre. La gente pudo haberlo empujado hacia abajo, pero Dios lo empujará hacia arriba. Quizá las circunstancias lo hayan dejado caer, pero Dios es su gloria y el que levanta su cabeza. Cosas van a suceder a su favor que usted no podía hacer que sucedieran. El favor de Dios abrirá nuevas puertas, haciendo que la gente sea buena con usted, restituyéndole por las situaciones injustas.

Su bondad le sigue

La bondad y el amor me seguirán todos los días de mi vida...

Salmos 23:6

Lo interesante es que Mefiboset nunca fue sanado. Parecería como si este no fuera un buen final. Pero he aprendido que, si Dios no remueve una dificultad, si no la cambia completamente, Él lo compensará por ello. Probablemente haya perdido a un ser querido, no puede traer a esa persona de vuelta, pero Dios puede hacer que el resto de su vida sea tan gratificante, tan plena, que se lleve el dolor. Puede ser que una persona lo abandonó y le rompió el corazón. Dios puede traer a alguien nuevo a su vida que sea tan amoroso, tan atractivo para usted, que ni siquiera extrañe a la persona que le dejó. Dios sabe cómo compensarlo. Sentado a la mesa de David cada noche, pienso que todo lo que Mefiboset podía decir era: "Gracias, Señor, por tu bondad".

16 de julio

Un pacto de amor

*Reconoce, por tanto, que el Señor tu Dios es el
Dios verdadero, el Dios fiel, que cumple su pacto
generación tras generación...*

Deuteronomio 7:9

Mi hermana Lisa y su esposo, Kevin, trataron
durante muchos años de tener un bebé sin
ningún éxito. Ella pasó por todos los tratamientos
de fertilidad; se sometió a un par de cirugías, pero
seguía sin embarazarse. Lisa sentía como si la hubieran dejado caer. Así como sucedió con Mefiboset,
si no le salen las cosas como usted espera, Dios lo
compensará. Un día, Lisa recibió una llamada tele-
fónica de una amiga en otro estado que está encar-
gada de un hogar para niñas adolescentes. Le dijo:
"Tenemos a una jovencita que está a punto de tener
gemelas, y algo me dijo que te llamara para ver si tú
y Kevin estarían interesados en adoptarlas". Supie-
ron justo en ese momento que esas niñas eran para
ellos. Un par de años después, también adoptaron
a un niño. Ahora tienen a tres adolescentes maravi-
llosos, y son muy felices.

17 de julio

Sobrecogido por su bondad

Cuán grande es tu bondad, que atesoras para los que te temen...

Salmos 31:19

Dios sabe cómo compensarlo cuando usted siente que le han dejado caer. No se amargue ni se revuelque en autocompasión. Dios no se ha olvidado de usted. Cuando le restituya, será más grande, mejor y más gratificante de lo que se puede imaginar. Cuando Dios le sobrecoja con su bondad, cuando lo haga salir con el doble, usted no pensará en lo que perdió, en quién lo hirió o en lo que no funcionó. No se quejará de la decepción. Más bien dirá: "Mira lo que hizo Dios. Me ha asombrado con su bondad". Usted está tan sorprendido de que Dios lo haya recordado, lo haya promovido, haya traído a las personas correctas cuando no pensaba que podía seguir adelante, que todo lo que puede hacer es agradecerle por lo que ha hecho.

Cuando usted necesita ayuda

Yo los hice y cuidaré de ustedes; yo los sostendré y los salvaré.

Isaías 46:4

Cuando David convocó a Mefiboset al palacio, él no pudo llegar allí por su cuenta; tuvo que ser cargado al palacio. Cada noche a la hora de la cena, era cargado hasta la mesa. Era cargado hasta su cama. Usted quizá piense: *No puedo lograr mis sueños. Estoy destruido. Tengo estas adicciones. Estoy tratando con esta enfermedad.* Pero cuando usted no lo pueda hacer por usted mismo, Dios siempre tendrá a alguien allí para cargarlo. Usted no está solo y no ha sido olvidado. Dios lo tiene en la palma de su mano. Él vio las veces que le han dejado caer. Usted no cayó por sí mismo, ni se levantará por sí mismo. Dios tiene personas ya alineadas para cargarlo, para alentarlo, para ayudarlo a hacer lo que no podía hacer por usted mismo.

Lo que no puede cargar

Cuando se lo llevaban, echaron mano de un tal Simón de Cirene...y le cargaron la cruz para que la llevara detrás de Jesús.

Lucas 23:26

Cuando Jesús estaba cargando la cruz colapsó debajo del peso de la cruz. Había un hombre llamado Simón que levantó la cruz y la cargó el resto del camino. Usted no necesita ser fuerte todo al tiempo. Incluso Jesús cayó bajo el peso de la cruz. Las buenas noticias son que siempre habrá alguien allí para ayudarle, para llevarlo a donde necesita estar.

En la cruz Jesús se sintió solo y abandonado y gritó: "Mi Dios, mi Dios, ¿por qué me has abandonado?". Parecía como ese fuera el fin y las tinieblas hubieran ganado, pero tres días después, Jesús estaba sentado en la mesa del Rey, como el vencedor, no como la víctima. El enemigo no tiene la última palabra. Dios es un Dios de justicia.

Gloria en lugar de cenizas

...a ordenar que a los afligidos de Sion se les dé gloria en lugar de ceniza, óleo de gozo en lugar de luto, manto de alegría en lugar del espíritu angustiado...

Isaías 61:3, RVR1960

Cuando no tiene la fuerza para seguir adelante por usted mismo, Dios tiene las personas alineadas para ayudarle. Él seguirá obrando en usted, restaurándolo, promoviéndolo y aumentándolo hasta llevarlo a la mesa del Rey. Usted podría haber sido dejado caer, pero hoy usted está siendo convocado por el Rey.

Este es un nuevo día. Quizá no tenga suficiente gozo, no hay suficiente risa y está dejando que sus circunstancias y presiones lo agobien. Pero creo que Dios está soplando nueva vida en su espíritu. La tristeza se está yendo y el gozo viene de camino. Su vida será llena de risa y felicidad. La escritura dice que usted tendrá gozo inefable y plenitud de gloria.

Cosas grandes y ocultas

Clama a mí, y yo te responderé, y te enseñaré cosas grandes y ocultas que tú no conoces.

Jeremías 33:3, RVR1960

21 DE JULIO

Hace muchos años, hubo un joven en Corea del Sur que estaba muriendo de tuberculosis. Era adorador de otros dioses, pero finalmente en su desesperación clamó a cualquier dios que pudiera oírlo. Unas horas más tarde una joven estudiante universitaria sintió lo que describió como un amor inexplicable atrayéndola a la casa de ese hombre. Ella llamó a la puerta y la madre abrió. La estudiante universitaria dijo: "Sé que no me conoce, pero solo quería saber si hay algo por lo que pueda orar con usted". La madre comenzó a llorar y le dijo cómo su hijo estaba en su lecho de muerte. La jovencita entró y oró por él. Él le dio su vida a Cristo. Para abreviar la historia: Dios lo sanó, y hoy, el Dr. David Yonggi Cho es el pastor fundador de la iglesia más grande del mundo.

Lo pondrá en alto

Si realmente escuchas al Señor tu Dios... el Señor tu Dios te pondrá por encima de todas las naciones de la tierra.

Deuteronomio 28:1

Amigo, Dios no se ha olvidado de usted. Él es un Dios de justicia. Usted puede estar tratando con una enfermedad, una pérdida o un mal momento. Puede sentirse como si la vida lo hubiese dejado caer, pero necesita prepararse. Dios está a punto de levantarlo y no lo sacará siendo el mismo, lo pondrá en alto y lo sacará mejor de lo que era. Es tiempo de retribución. Dios está a punto de compensarle algunas cosas. Él está alineando las personas correctas para venir a buscarlo con bendiciones, con favor. Creo que al igual que Mefiboset, usted está llegando al palacio: un lugar de sanidad, restauración, abundancia, oportunidad y nuevos niveles. Usted tomará su lugar en la mesa del Rey y verá la bondad de Dios de maneras asombrosas.

Balancear los libros

. . . yo los restauraré a su tierra y tendré misericordia de ellos.

Jeremías 33:26, NTV

En contabilidad, el término *balancear los libros* significa compensar una pérdida. Si una cuenta está en déficit, cuando usted balacea los libros, tiene primero que tomar todas las perdidas, todos los déficits y sumarlos. Entonces usted sabe qué tanto necesita añadir para balancearla. Cuando los libros están balanceados, nadie puede decir que haya existido una pérdida.

De la misma manera, Dios ha prometido que Él balanceará los libros de nuestra vida. Todos pasamos por cosas que nos ponen en déficit: una niñez difícil, un amigo que nos abandona, la pérdida de un ser querido. Si nada cambiara, estaríamos fuera de balance. Pero Dios sumará todas las pérdidas, las decepciones y las congojas y Él le restituirá.

Recompensado grandemente

No perdáis, pues, vuestra confianza, que tiene grande galardón.

Hebreos 10:35, RVR1960

En Hebreos 10, el escritor señala que el pueblo había soportado graves momentos de sufrimiento y persecución. Los anima diciendo, en esencia: "Dios es un Dios justo. Él pagará la compensación que se nos debe. Él hará justicia a su pueblo". Dios sabe lo que le deben. Quizá pase por temporadas en las que esté fuera de balance: tiene una decepción, una pérdida, alguien le hace mal; pero Dios le hará justicia. Él ha visto cada lágrima que ha derramado, cada injusticia, cada lugar oscuro. Usted no terminará en números rojos, solo, decepcionado, en desventaja. Todo eso es temporal. El Creador del universo está sumando todos los déficits y está diciendo: "Estoy por balancear tus libros. La compensación viene, la promoción viene, la reivindicación viene, la sanidad viene, la bendición viene".

Él presta atención

*Yo, el Señor, amo la
justicia… En mi fidelidad los
recompensaré…*

Isaías 61:8

Mientras crecía, durante trece años tuvimos la reunión de la iglesia en un edificio pequeño y descuidado que había sido una tienda de alimento para animales. Algunas personas consideraban que éramos de segunda clase y se burlaban de nosotros, haciendo chistes de nuestro edificio. Eran buenas personas, pero nos menospreciaban, nos veían como menos que los demás. En su libro, no estábamos a la altura.

Si avanzamos rápidamente treinta años, Dios nos ha dado el Compaq Center, el recinto principal de nuestra ciudad, en la parte más prestigiosa. Ese fue Dios trayendo justicia. Dios presta atención. Está llevando registro de quién está tratando de hacerlo tropezar, de desacreditarlo, de hacerlo lucir pequeño. Él sabe quién está hablando de usted a sus espaldas. Él está sumando todos los déficits y en el tiempo apropiado, Él balanceará sus libros.

26 de julio

Justicia familiar

Se acordó para siempre de su pacto; de la palabra que
mandó para mil generaciones,

Salmos 105:8, RVR1960

Dios lo compensará no solamente por lo malo que le han hecho, sino también por lo que les hicieron a sus padres. Mi padre nunca vio el nivel de influencia con el que Dios me ha bendecido aquí en Lakewood. Reconozco que estoy cosechando lo que él sembró. Esto es Dios balanceando los libros en nuestra familia. Hay personas en nuestro linaje quienes hicieron lo correcto, pero a quienes les sucedió lo malo. Sirvieron, dieron y honraron a Dios, pero no vieron justicia total. Prepárese, porque Dios no dejará a su familia fuera de equilibrio. Habrá momentos en los que usted alcance bendiciones que no merezca, buenas oportunidades por las cuales no trabajó, puertas abiertas que nunca debieron haberse abierto. Eso es Dios pagándole a su familia lo que se le debía.

27 de julio

Restitución

*Y Jehová dio gracia al pueblo delante de los egipcios,
y les dieron cuanto pedían; así despojaron a los
egipcios.*

Éxodo 12:36, RVR1960

Durante diez generaciones los israelitas habían
sido esclavos en Egipto. Fueron maltratados,
se habían aprovechado de ellos, habían sido obli-
gados a trabajar largas horas, Después de 430
años Dios los libertó de la esclavitud. El solo hecho de que eran finalmente libres y que podían
irse era un gran milagro. Pero no se fueron como
esclavos quebrados con las manos vacías, Habían
trabajado todo ese tiempo sin paga. Dios dijo:
"Muy bien, es momento de balancear los libros".

Al salir Dios le dio favor con la misma gente
que le había maltratado. De pronto, sus captores
tuvieron un cambio de corazón y les dieron su
oro, su plata, sus joyas y su ropa. Los israelitas
dejaron el lugar oscuro de la esclavitud atrás,
empujando carretillas llenas de tesoros. Ese fue
Dios balanceando los libros, compensándoles
por esos 430 años.

Él peleará por usted

Ustedes quédense quietos, que el Señor presentará batalla por ustedes.

Éxodo 14:14

Dios ve cada déficit, cada cosa mala hecha a usted y a su familia. Él sabe lo que se le debe a usted. Como con los israelitas, habrá un tiempo en el que Él diga: "Ya basta. Es momento de balancear los libros". Él ha prometido que lo compensará. Deje de preocuparse por lo que le hicieron, por lo que no obtuvo, por quien lo puso en desventaja, y quien no le está dando el crédito. Dios sabe lo que sucedió y está diciendo: "Es momento de restitución. Usted saldrá y no se irá con las manos vacías, menospreciado o considerado como de segunda clase. Usted saldrá reivindicado, promovido, respetado y con abundancia".

Usted recibirá el favor que no merece, con bendiciones que lo perseguirán. Ese es el Dios de justicia compensándolo con lo que se le debe.

Cuando la vida no es justa

Por eso el Señor los espera, para tenerles piedad; por eso se levanta para mostrarles compasión. Porque el Señor es un Dios de justicia.

Isaías 30:18

Un joven me dijo acerca de cómo había sido criado en un ambiente negativo. Su padre no había estado presente en su vida y su madre nunca estaba cerca. No entendía por qué le habían repartido esta mano en la vida. Le dije que puede que la vida no sea justa, pero que Dios es justo. Él sabe por lo que usted ha pasado, y lo compensará. Pero esta es la clave: usted no puede ir por allí con un resentimiento, pensando en lo que su mamá o su papá no le dieron. Dios sabe lo que ellos no le dieron. Si usted mantiene la fe, Dios balanceará sus libros. Él le restituirá. Dios es un Dios de justicia. Si usted no obtuvo mucho en cierta área, Él le dará más en otra para compensarlo por ello.

Él es justo

Porque Dios no es injusto
como para olvidarse de
las obras y del amor que,
para su gloria, ustedes han
mostrado sirviendo a los
santos...

Hebreos 6:10

Quizá sienta como que le han dado menos de lo debido, no tuvo una buena infancia, o está tratando con un asunto de salud o su jefe no le ha tratado justamente. Las buenas noticias son que Dios ve lo que se le debe. Él está llevando la cuenta. Quizá no pueda darle otra infancia o traer de vuelta a un ser querido que usted perdió, pero puede hacer el resto de su vida tan gratificante, tan satisfactoria, que no piense en lo que no funcionó. Balancear los libros significa que no está viviendo en un lugar de pérdida o déficit, siempre pensando en lo que le falta y cómo se encuentra en desventaja.

Puede que no esté balanceado ahora mismo, pero las buenas noticias son que Dios balanceará sus libros. La restitución viene.

Un lugar sin pérdidas

Y como tus días serán tus fuerzas.

Deuteronomio 33:25,
RVR1960

Cuando mi padre partió con el Señor en el 1999, perdí a uno de mis mejores amigos. Durante el primer año, más o menos, quedé desequilibrado; esa pérdida fue pesada. Pero Dios me ha bendecido en tantas otras áreas que no estoy viviendo a partir de una posición de déficit. Comenzó a sacar nuevos dones de mí, abrió nuevas puertas e hizo que las cosas cayeran en su lugar. ¿Qué estaba sucediendo? Estaba balanceando mis libros.

La mano que se le ha repartido puede que no sea justa, pero no es una sorpresa para Dios. Él ya tiene la manera de hacerle justicia. Cada vez que se sienta tentado a preocuparse, simplemente voltee y agradézcale que la restitución viene en camino, agradézcale que está llegando a un punto sin déficit.

Él se deleita en la justicia

*Porque el Señor ama la justicia y no abandona a
quienes le son fieles. El Señor los protegerá para
siempre...*

Salmos 37:28

Quizá alguien abandonó una relación con usted y le rompió el corazón. No se rinda, y no se amargue. Dios vio la ofensa y siente su dolor. No es el fin. Alguien mejor de lo que se ha imaginado viene en camino. Probablemente su sueño no funcionó o recibió un informe médico que no era bueno. En esos momentos difíciles usted tiene que seguir recordándose a usted mismo que Dios es un Dios de justicia. Él sabe exactamente lo que está sucediendo. Usted ya no vivirá en una posición de déficit. A lo largo del día, simplemente diga: "Padre, quiero agradecerte que estás balanceando mis libros. Señor, creo que la restitución viene, la restauración viene, la sanidad viene". Esa actitud de fe es lo que le permite a Dios restituirle lo que se le debe.

Más abundantemente

Y a Aquel que es poderoso para hacer todas las cosas
mucho más abundantemente de lo que pedimos o
entendemos, según el poder que actúa en nosotros…

Efesios 3:20, RVR1960

Un día, de la nada, un marido le dijo a su esposa con la cual había estado casado por catorce años, que la estaba dejando a ella y a sus hijos por otra mujer. Esto la tomó totalmente por sorpresa. No sabía qué iba a hacer o cómo iba a proveer para sus hijos. Unas semanas después, una antigua amiga con quien no había hablado en veinte años, se comunicó con ella y le preguntó que si le interesaba ser su socia en su negocio. Su negocio prosperó y hoy esta mujer es increíblemente bendecida. Tiene mucho para cuidar de su familia.

Dios puede hacer que sucedan cosas que usted nunca podría hacer que sucedan. Probablemente haya pasado por una decepción, un mal momento y es posible que alguien no lo haya tratado bien. Prepárese. La restitución viene. La reivindicación está en camino.

Favor especial

3

Cuando el Señor vio que Lea no era amada, le concedió hijos. Mientras tanto, Raquel permaneció estéril.

Génesis 29:31

Anteriormente consideramos a una mujer del Antiguo Testamento llamada Lea. Ella y su hermana Raquel, las dos, estaban casadas con Jacob. Raquel era mucho más hermosa y Jacob no le daba a Lea mucho tiempo y atención. Estoy seguro de que Lea sentía como si no fuera suficientemente buena; se sentía inferior o en desventaja. No tenía la belleza de su hermana. Lea tuvo seis hijos y una hija antes de que Raquel pudiera tener un hijo. Tener un hijo varón era un asunto importante en esa época. Dios estaba diciendo: "Lea, como tu marido no te está tratando bien a causa de que no eres tan hermosa como tu hermana, voy a balancear tus libros y te voy a dar algo que haga que Jacob te preste atención. Voy a hacer que tengas hijos antes que tu hermana".

Usted se destacará

Porque tú, oh Jehová, bendecirás al justo; Como con un escudo lo rodearás de tu favor.

Salmos 5:12, RVR1960

Dios le da favor especial a la gente en desventaja. Usted quizá sienta como si alguien más obtuvo las buenas oportunidades: la buena infancia, la buena apariencia, la personalidad ganadora. No se preocupe. Su tiempo viene. Dios tiene algunas ventajas para usted que harán que se destaque. Usted no vivirá siempre a la sombra de alguien más talentoso, mejor parecido o más exitoso. Dios lo llevará a brillar. Usted se destacará, usted será conocido, usted dejará su marca. Lo que usted piensa que no tiene en apariencia, personalidad, preparación académica o educación, Dios se lo compensará. Usted no vivirá en déficit. Él balanceará sus libros.

5 de agosto

Dios lo toma personal

Como el Señor le había hablado, Agar le puso por nombre: "El Dios que me ve…".

Génesis 16:13

Una vez cuando nuestra hija Alexandra, tenía cuatro años, le compré un cono de helado. Afuera de la tienda, un muchachito tropezó con ella y se le cayó. Él se rió y pensó que era divertido. Ella vino directamente a mí, sabiendo que yo le haría justicia. Regresamos a la tienda y esta vez dije: "Vamos a comprar tres bolas en lugar de una". Esa es la manera que Dios es cuando alguien nos hace mal.

Cuando la gente lo menosprecia, lo ignora e intenta hacerlo sentir que no vale nada, eso no pasa desapercibido. Dios ve cada injusticia, cada error, cada lágrima, cada mal momento. Cuando alguien le hace mal, Dios lo toma como algo personal. Usted es su hijo. Él trabajará tanto como nosotros, como padres, cuando alguien maltrata a nuestros hijos.

6 de agosto

Grande y maravilloso

"Grandes y maravillosas son tus obras, Señor, Dios Todopoderoso. Justos y verdaderos son tus caminos, Rey de las naciones".

Apocalipsis 15:3

No se queje de la dificultad; esa dificultad le está preparando para el doble. Ese mal momento y la decepción pueden parecer un revés, pero en realidad fue una preparación para que Dios se mostrara en una manera nueva. Está a punto de balancear algunos libros. Él cancelará sus cuentas.

Si hay personas en su vida que han estado en su contra, algunos de ellos por años, y han tratado de detenerlo, de hacerlo lucir mal o desacreditarlo, las cosas están a punto de cambiar. Dios hará que lo vean en una luz nueva. Hará que reconozcan su bendición sobre su vida al punto de que lo traten con el respeto y honor que usted merece.

Un día de reconocimiento

"Llévense sus rebaños y sus manadas, como dijeron, y márchense ya. Váyanse, pero bendíganme al salir".

Éxodo 12:32, NTV

Cuando los israelitas estaban estancados en la oscuridad de la esclavitud, Moisés le dijo a faraón una y otra vez que dejara ir al pueblo de Dios, pero el faraón no escuchó. No respetó a Moisés. Descartó a Moisés como si fuera de segunda clase. Cada vez que Moisés volvía para decirles que venía otra plaga, el faraón no le prestaba atención. Lo interesante es que después de la última plaga, cuando el faraón finalmente decidió dejar ir al pueblo hebreo, no solamente los egipcios les dieron a los israelitas su oro y su plata, sino que el faraón le dijo: "Moisés, llévense sus re- baños y sus manadas y márchense, y pídele a tu dios que me bendiga también". En lugar de burlarse de Moisés, en lugar de verlo como que no era lo suficientemente bueno, el faraón reconoció la mano de Dios sobre Moisés. ¡Vio la unción y sintió el poder al punto que le pidió a Moisés que lo bendijera!

Un cambio de corazón

El corazón del rey es como un arroyo dirigido por el Señor, quien lo guía por donde él quiere.

Proverbios 21:1

Una parte de que Dios balancee sus libros es que la gente que no lo respetaron, lo descartaron y lo desacreditaron, cambiarán de opinión y le pedirán su bendición. Reconocerán el favor de Dios en su vida. Dios sabe cómo cambiar a las personas. Usted no tiene que adularlos o tratar de convencerlos para que usted les simpatice ni dejarse controlar o manipular por ellos con el fin de tratar de obtener su favor. No, más bien camine en su unción. Corra su propia carrera, siempre honrando a Dios con excelencia e integridad. Dios cambiará los corazones de aquellos que están en su contra y de quienes más le faltaron el respeto, al punto de ellos pedirle su bendición. Quizá no suceda de la noche a la mañana. Puede tomar años, pero Dios balanceará sus libros.

Aquellos que están en su contra

Conocí un pastor que me dijo que él había sido nuestro mayor crítico y que solía decirle a su congregación que no viera nuestros servicios por televisión. Pero un par de años atrás, pasó por una crisis grande de salud y tuvo que dejar su iglesia. No sabía si iba a sobrevivirla. Una noche estaba pasando los canales de la televisión y encontró nuestro programa, y me dijo que por primera vez lo vio con atención. Me dijo: "Joel, desde entonces no he dejado de verlo. Usted me ayudó en el momento más difícil de mi vida". Me dio un fuerte abrazo y me dijo: "¿Oraría por mí?". Cuando usted honra a Dios, un día sus enemigos terminarán estrechándole su mano. Dios sabe cómo hacer que la gente que está en su contra necesite lo que usted tiene.

La reivindicación viene

En cuanto a mí, veré tu rostro en justicia; estaré satisfecho cuando despierte a tu semejanza.

Salmos 17:15

10 DE AGOSTO

En la Escritura, un hombre llamado Saulo era el mayor enemigo de la iglesia primitiva. Iba por todos lados haciendo que arrestaran a los creyentes y los metieran en la cárcel. Nadie estaba más en contra de los seguidores de Cristo que él. Sin embargo, cuando Saulo estaba en su mayor necesidad, Dios envió a Ananías para que orara por Saulo y le hablara a su necesidad.

Usted quizá tenga personas como Saulo en su vida los cuales han estado en su contra por años. Probablemente no hayan sido tan amenazadores o expresivos, pero lo ven con un aire de superioridad como si usted fuera menos que ellos. No se preocupe. Dios es un reivindicador. Siga tomando el camino alto, siga haciendo lo correcto y un día ellos van a necesitar lo que usted tiene. Vendrán a usted en humildad, pidiendo su ayuda y su bendición.

Sea la persona más madura

"Hermano Saulo, el Señor Jesús, que se te apareció en
el camino, me ha enviado para que recobres la vista y
seas lleno del Espíritu Santo".

Hechos 9:17

Cuando Ananías fue y oró por Saulo, su mayor enemigo, él le hizo bien a alguien que había pasado años haciendo mal a sus compañeros creyentes. Esto es una prueba que todos tenemos que pasar. ¿Será usted bueno con ese Saulo en su vida cuando él necesite lo que usted tiene? ¿Le mostrará favor incluso cuando no lo haya tratado bien a usted? Si usted quiere que Dios balancee sus libros, usted tiene que ser la persona más madura y bendecir a aquellos que lo han maldecido. En su tiempo de necesidad, no les niegue su ayuda. Haga bien a los que le persiguen. Ananías entró a la casa y dijo: "Hermano Saulo". Llamó a su mayor enemigo hermano y lo trató como su amigo. Luego que oró, Saulo se convirtió en el apóstol Pablo, quien escribió alrededor de la mitad de los libros del Nuevo Testamento.

Espere en Él

*Temer a los hombres resulta una trampa, pero el que
confía en el Señor sale bien librado.*

Proverbios 29:25

Cuando las personas vienen en contra nuestra y dicen cosas que no son verdad, es fácil frustrarse e intentar corregirlos y demostrarles quiénes somos. Pero no desperdicie su energía emocional con los Saulos de su vida. Espere en Dios para hacerlo a su manera. Él ve cada injusticia, cada palabra negativa y está sumando todos los déficits, todas las ofensas. En el momento oportuno, Él hará que sucedan cosas que usted jamás podría hacer que sucedieran. Hará que ellos necesiten lo que usted tiene.

Amigo, su tiempo viene. Usted ya no vivirá en déficit. Quizá tuvo algunos momentos malos, pasó por cosas que no entiende. Anímese. El Dios de justicia está diciendo: "Es tiempo de restitución". Él cambiará las situaciones más oscuras.

Fe para lo de entremedio

Amados, no os sorprendáis del fuego de prueba que os ha sobrevenido, como si alguna cosa extraña os aconteciese.

1 Pedro 4:12, RVR1960

Es fácil tener fe en el comienzo. Cuando su bebé nace, o usted se casa con esa muchacha bella o cuando comienza un negocio, es emocionante. También es fácil tener fe al final. Cuando puede ver la meta, usted ya peleó la buena batalla y ahora el sueño está a la vista. El desafío es tener fe en el entremedio, cuando está tomando más tiempo del que usted pensó, cuando no tiene los fondos, cuando el informe médico no es bueno. Es en el entremedio donde la mayoría de la gente pierde la batalla.

Pero Dios nunca prometió que llegaríamos a nuestro destino sin oposición, sin decepciones, sin cosas que no entendiéramos. En su lugar nos dice que no pensemos que es extraño cuando estas cosas vienen en contra nuestra. Es parte del proceso de hacernos crecer.

Persevere

*Ustedes necesitan perseverar
para que, después de haber
cumplido la voluntad de Dios,
reciban lo que él ha prometido.*

Hebreos 10:36

Yo sé que usted puede tener fe al inicio; eso es
fácil. Sé que usted puede tener fe al final. Mi
pregunta es: ¿Tendrá usted fe en el entremedio?
¿Tendrá usted fe cuando no estén sucediendo
las cosas como usted pensó que sucederían,
cuando siente como si estuviera yendo en la dirección equivocada y está oscuro y difícil allá
afuera, cuando las voces le digan que se rinda, o
le digan: "Con toda seguridad escuchaste mal a
Dios"? No crea esas mentiras.

Nada de lo que lo que le ha sucedido ha detenido su plan para su vida. Él no está en el cielo
rascándose su cabeza y pensando: *Qué barbaridad, esa no la vi venir. Ese mal momento me tomó
desprevenido.* Dios todavía está en su trono. Lo
que le prometió, todavía tiene la intención de
hacerlo suceder.

Usted tiene su promesa

Aquí tienes a la sierva del Señor, contestó María.
Que él haga conmigo como me has dicho.

Lucas 1:38

En la Escritura dice que un ángel se le apareció a una jovencita llamada María y le dijo que ella iba a ser la madre del Mesías, el Cristo. Ella tendría honor y sería admirada por generaciones por venir. Estoy seguro de que María estaba emocionada. Pero puedo escuchar a María muchos años después diciendo: "Dios, no me dijiste que mi hijo sería maltratado, traicionado y que se burlarían de él. No me dijiste que tendría que verlo ser crucificado y morir una muerte dolorosa".

Cuando Dios pone un sueño en su corazón, le mostrará el final. Él le dará la promesa, pero no le mostrará lo de entremedio. Si nos dijera todo lo que tomaría para que sucediera, nos convenceríamos a nosotros mismos de no hacerlo.

16 de agosto

Permanezca firme

*Manténganse alerta; permanezcan firmes en la fe;
sean valientes y fuertes.*

1 Corintios 16:13

Cuando Dios nos da una promesa, como lo hizo con María acerca del nacimiento de Jesús, Él no nos da todos los detalles. Quizá aquello por lo que usted está pasando es difícil y no tiene sentido. Aquí es donde su fe tiene que activarse. ¿Se va a rendir y a convencerse a usted mismo de no continuar? ¿O hará como hizo María y dirá: "Dios, no entiendo esto"? "No me dijiste que esta persona me iba a hacer mal o que estaría tratando con esta enfermedad. No me dijiste que este negocio iba a lentificar. Pero Dios, yo sé que tú sigues en el trono, y que esta no es una sorpresa para ti. No voy a vivir desanimado, a renunciar a mis sueños ni a dejar de creer. Mantendré la fe en el entremedio".

No se desanime

17

Por envidia los patriarcas vendieron a José como esclavo, quien fue llevado a Egipto; pero Dios estaba con él y lo libró de todas sus desgracias.

Hechos 7:9-10

Dios le dio a José un sueño acerca de su futuro, plantando una promesa en su corazón y mostrándole el final. Años después, cuando José estaba gobernando sobre Egipto, puedo escucharlo decir: "Dios, me diste esta promesa increíble, pero no me dijiste que sería vendido como esclavo, acusado falsamente y encarcelado".

Si José estuviera aquí hoy, le diría: "No se desanime cuando esté en el entremedio. No se rinda cuando la vida no tenga sentido". Usted sabe que la promesa está en su corazón. Siga creyendo, siga siendo lo mejor que usted pueda ser. Dios no le ha fallado en el pasado, y no le fallará en el futuro. No se desaliente por el proceso.

Pelee la buena batalla

Pelea la buena batalla por la fe verdadera. Aférrate a la vida eterna a la que Dios te llamó…

1 Timoteo 6:12, NTV

Hay cosas por las que usted está creyendo; usted sabe que Dios plantó esas semillas. El inicio es divertido, y el final es emocionante; pero la verdad es que, lo de entremedio puede ser complicado. En alguna manera, todos estamos en el entremedio; todos estamos en una jornada. Usted sabe que Dios le dio una promesa, pero cada circunstancia dice todo lo contrario. Con el tiempo es fácil rendirse y pensar: *Hay demasiados obstáculos para lo que estoy creyendo. Nunca sucederá.*

Dios lo tiene leyendo esto para soplar nueva vida a sus sueños. Lo que Él ha puesto en su corazón ya está en camino. El proceso ya comenzó. Las personas adecuadas, la sanidad, el avance, el nuevo negocio vienen de camino. Ahora haga su parte y tenga fe para lo de entremedio.

Crea la promesa

En toda la noche no pego los ojos, para meditar en tu promesa.

Salmos 119:148

David podría haber dicho: "Dios, tú me prometiste que sería el rey, pero no me dijiste que tendría que enfrentar a un gigante o que el rey Saúl trataría de matarme o que mi propio hijo trataría de quitarme el trono". Cuando usted estudia a los héroes de la fe como David y José, un denominador común que usted encontrará es que tuvieron fe en lo de entremedio. Cuando parecía imposible, cuando la promesa parecía demasiado lejos, se mantuvieron avanzando, sabiendo que era parte del proceso. No se desalentaron por las pruebas o los lugares oscuros. Sí, tuvieron sus momentos. En ciertos momentos, la preocupación venía, el temor venía, la duda venía, pero no les permitieron permanecer. Volvían a estimular su fe y creían que la promesa sucedería.

No tema

"No temáis, manada pequeña, porque a vuestro Padre le ha placido daros el reino".

Lucas 12:32, RVR1960

Cuando pusieron en el mercado de bienes raíces el Compaq Center, yo sabía que ese sitio era para nosotros. Dios me mostró el final. Pero Él no me mostró todas las luchas que atravesaríamos para hacerlo nuestro o que iba a costar cien millones de dólares para restaurar el centro. Algunas veces, Dios deja fuera ciertos detalles a propósito. Si me hubiera dicho que sería responsable por todo ese dinero, yo me hubiera conformado con menos de lo mejor que Él tiene. Si tuviéramos todos los detalles, no avanzaríamos a la plenitud de nuestro destino porque a nadie le gusta la adversidad. Nos gusta estar cómodos. Pero no se convertirá en todo lo que fue creado para ser sin oposición, desafíos y dificultades que lo hacen estirarse y crecer y usar sus músculos espirituales.

Por todo el camino

"Él los sacó de Egipto haciendo prodigios y señales milagrosas tanto en la tierra de Egipto como en el Mar Rojo, y en el desierto durante cuarenta años".

Hechos 7:36

Cuando Dios sacó a los israelitas de la esclavitud, Dios les mostró su destino, la Tierra Prometida. Los hizo comenzar su camino, pero en el entremedio Dios no les dijo: "Les di la promesa y ahora están por su cuenta. Buena suerte en lo de entremedio". A lo largo del camino, Dios sobrenaturalmente les proveyó con bendiciones: partió el mar Rojo, les dio maná en el desierto, agua de una roca y protección de las naciones enemigas que eran mucho más grandes y poderosas. Una y otra vez, Dios hizo que sucedieran cosas que ellos nunca podrían haber hecho suceder. Les estaba mostrando a ellos y a nosotros: "No solo soy el Dios del inicio, no solo soy el Dios de la meta. Soy el Dios de lo de entremedio. Soy el Dios que te hará salir vencedor de la prueba, de la adversidad, de la pérdida".

Sus promesas nunca fallan

"No ha dejado de cumplir ni una sola de las gratas promesas que hizo por medio de su siervo Moisés".

1 Reyes 8:56

Cuando usted está en el entremedio, Dios le ha dado una promesa y usted sabe su destino. Pero usted va de camino. Usted está en el proceso de criar a su hijo, creyendo por su sanidad o por operar ese negocio. A lo largo del camino usted enfrentará situaciones que parecerán imposibles, las probabilidades están en su contra, la oposición es más fuerte, el informe dice que no se recuperará. Anímese, reconociendo que Dios es el Dios de lo de entremedio y allí es justo donde usted está. Quizá haya un Mar Rojo en su camino. Parece como si estuviera atascado, pero las buenas noticias son que Dios sabe cómo partirlo. Todavía puede hacer salir agua de una roca. Puede hacer que las paredes que lo han estado deteniendo de pronto se derrumben. Ahora haga su parte y tenga fe en el entremedio.

A través de aguas profundas

"Cuando pases por aguas profundas, yo estaré contigo".

Isaías 43:2, NTV

Puede ser que esté en aguas profundas hoy, pero Dios está diciendo: "No te vas a quedar allí. Vas a vencerlas". Cuando esté en el entremedio, necesita recordarse a usted mismo que esto también pasará. Es temporal. Deje de desperdiciar tiempo en algo que no durará. Deje de perder tiempo preocupándose acerca de esa situación en el trabajo, de estar molesto por ese informe médico o estar frustrado con esa persona que le hizo mal. El problema no es permanente. La enfermedad, la soledad o la dificultad es solo una parada a lo largo del camino. Pero si usted se rinde y deja que lo abrume con desánimo, se quedará allí y permitirá que lo que debería haber sido temporal se vuelva permanente. Aquí es donde muchas personas se equivocan, se quedan en el entremedio. Le estoy pidiendo que siga avanzando.

Siga avanzando

Sigo avanzando hacia la meta para ganar el premio que Dios ofrece mediante su llamamiento celestial en Cristo Jesús.

Filipenses 3:14

David dijo: "Aun cuando yo pase por el valle más oscuro" (Salmos 23:4). No dijo: "Acampo en el valle". En efecto dijo: "El valle no es mi casa. No me voy a quedar en el entremedio. No me voy a desanimar cuando las cosas vengan en mi contra, cuando la vida no sea justa, cuando está tomando mucho tiempo. Tengo fe para el entremedio". Cuando las cosas vengan en su contra, y usted se sienta tentado a quedarse allí, tiene que pararse firme y decir como dijo David: "Dios es el Dios del entremedio. Aunque tal vez no lo entienda, no me voy a quedar en el valle. No me voy a quedar atascado en el entremedio. Voy a seguir avanzando, sabiendo que Dios está en control y que esta dificultad es solamente otro paso en el camino hacia mi destino".

No depende de usted

El Señor llevará a cabo los planes que tiene para mi vida...

Salmos 138:8, NTV

El salmista no dice que tendremos que hacer funcionar nuestros planes, hacer que las cosas sucedan con nuestra propia fuerza y quedarnos frustrados cuando no sucedan en la manera en que deberían. Podemos quedarnos en paz, sabiendo que el Señor, el Dios que creó el universo ha prometido que llevará a cabo sus planes para nuestras vidas. A veces sabemos que deberíamos estar yendo en cierta dirección, pero vamos en el sentido opuesto. Dios sabe lo que está haciendo. Sus caminos son mejores que nuestros caminos. Justo ahora, está entre bastidores, llevando a cabo su plan para su vida. Está arreglando las cosas a su favor, quitando a las personas equivocadas fuera del camino, alineando las oportunidades que usted necesita. Quizá no vea que nada sucediendo; usted tiene que andar por fe y no por vista.

26 de agosto

Camine por fe

Vivimos por fe, no por vista.

2 Corintios 5:7

En el entremedio, Abraham podría haber dicho: "Sara y yo nunca vamos a tener un bebé. Somos demasiado viejos". Pero lo que no podía ver Abraham es que, entre bastidores Dios ya había ordenado un pequeño bebé llamado Isaac quien tenía el nombre de Abraham y Sara escrito en él. Dios ya lo había llevado a cabo para su vida.

En el entremedio, David pudo haber dicho: "Nunca tomaré el trono. Yo soy solamente un pastorcillo. No tengo las habilidades, las conexiones o el entrenamiento". Pero Dios no depende de lo que usted tiene o no tiene. Cuando sopló su vida en usted, Él lo equipó con todo lo que necesitaba. De lo que piensa que no tiene suficiente, el favor de Dios lo suplirá. La unción en su vida lo llevará más lejos que a personas con más talento.

Puertas abiertas

27

*Porque se me ha abierto
puerta grande y eficaz, y
muchos son los adversarios.*

1 Corintios 16:9, RVR1960

Quizá usted no pueda dilucidar cómo sucederá su sueño. El plan de negocios le dice
que no saldrá de deudas hasta que tenga cien
años de edad. El informe médico dice que no
mejorará. No parece como si alguna vez fuera a
romper la adicción. Por su cuenta, ya se le acabó
la suerte. Las buenas noticias son que no está por
su cuenta. Usted no está desarrollando su vida
por sí solo. Su Padre celestial, el Dios Altísimo,
está llevando a cabo su plan para su vida. Quizá
haya obstáculos que parezcan infranqueables,
pero Dios tiene la última palabra. Si usted tiene
fe en el entremedio, Él abrirá puertas que ninguno puede cerrar. Él cambiará situaciones que
parecían imposibles. Él lo llevará más lejos de lo
que haya imaginado.

Para los días de tribulaciones

Por lo tanto, pónganse toda la armadura de Dios, para que cuando llegue el día malo puedan resistir hasta el fin con firmeza.

Efesios 6:13

En la vida, todos tenemos días de tribulación y días de oscuridad. Pero el mismo Dios quien dijo que había un día de tribulación, también ha dicho que habrá un día en el que la tribulación terminará. Quizá usted se encuentre en una dificultad en este momento. Anímese; no es permanente, esa tribulación tiene fecha de caducidad. Dios le ha puesto un término. Usted se encuentra en el entremedio en este momento, pero el fin llegará. No se abrume por esa enfermedad o esa situación en las finanzas, tienen una fecha de caducidad. Es uno de esos días de tribulación. En lugar de desanimarse, recuérdese a usted mismo: "Esta tribulación tiene una fecha de caducidad". No es permanente. Así como hay un día de tribulación, Dios tiene un día de liberación, un día de sanidad, un día de abundancia, un día de avance.

El día de liberación

En su angustia clamaron al Señor, y él los libró de su aflicción.

Salmos 107:6

29 DE AGOSTO

Una pareja tiene un hijo que fue adicto a las drogas durante más de veinte años. Pasaron año tras año y no parecía que nada estuviera cambiando. Estaban en el valle, pero creyeron que, así como había existido un día de tribulación cuando su hijo se hizo adicto, habría un día de liberación. Ellos oraron, creyeron y lo enviaron a rehabilitación, pero nada funcionó. Entonces, algunas personas se hicieron amigos del joven y pagaron su tratamiento y esta vez fue exitoso. Por primera vez en más de veinte años está completamente libre.

¿Qué sucedió? Llegó su día de liberación. Lo que sus padres no pudieron hacer, Dios hizo que alguien más lo hiciera por él. Cuando usted tiene fe en el entremedio, Dios hará que sucedan cosas que usted nunca podría hacer que sucedan.

Usted prevalecerá

"Ninguna arma forjada contra ti prosperará, y condenarás toda lengua que se levante contra ti en juicio".

Isaías 54:17, RVR1960

En Marcos 4, Jesús les dijo a sus discípulos: "Crucemos al otro lado del lago", pero a lo largo del camino quedaron atrapados en una inmensa tormenta. Los vientos eran tan fuertes que los discípulos pensaron que la barca iba a voltearse, así que despertaron a Jesús. Él reprendió la tormenta y todo se calmó.

¿Por qué Él sugirió que fueran al otro lado si sabía que iban a tener una tormenta fuerte? Porque sabía que en el entremedio habría dificultades, pero cuando declara que crucemos al otro lado, todas las fuerzas de las tinieblas no lo pueden detener de llevarnos al otro lado. Cuando Dios pone una promesa en su corazón, Él no se preocupa de las tormentas. Él controla el universo. Lo que Él dice, sucederá.

¿Por qué?

¿Por qué tienen tanto miedo? —dijo a sus
discípulos—. ¿Todavía no tienen fe?

Marcos 4:40

En la lectura de ayer, si Jesús hubiera pensado que estaban en peligro, Él se habría levantado sin que los discípulos lo despertaran. No les iba a dejar ahogarse. Cuando estamos en una tormenta, con frecuencia nos molestamos y entramos en pánico como los discípulos. "Dios ¡tienes que ayudarme! Este informe médico es malo. Mis finanzas no me alcanzan. Mi relación se está desmoronando. ¡Dios, grandes cosas vienen en mi contra!". La razón por la que siente como si Dios no se despertara no es porque lo esté ignorando o porque no tenga interés. Es porque sabe que usted lo puede manejar. Él no hubiera permitido que eso sucediera si fuera a hundirlo. Él no hubiera permitido esa dificultad si fuera a detener su destino.

No hay rival para usted

¿Qué diremos frente a esto? Si Dios está de nuestra
parte, ¿quién puede estar en contra nuestra?

Romanos 8:31

Deje de molestarse o perder sueño por situaciones que usted puede manejar. Dios no está ignorando sus oraciones. Él sabía que iba a haber una tormenta antes de que llegara. Él no está contestando porque le está haciendo crecer. Le está enseñando a tener fe en el entremedio. Si viniera corriendo cada vez que usted tuviera una dificultad, sus músculos espirituales nunca se desarrollarían. Nunca realmente aprendería a confiar en Él. Cuando usted está en calma, a pesar de lo que está viniendo en su contra, esa es una señal de madurez. Esa es una señal de que ha desarrollado fe en el entremedio. Si Dios no ha cambia la situación y los vientos siguen soplando y las olas siguen ondeando, tómelo como un cumplido. Eso significa que usted puede manejarlo. No es rival para usted. Usted tiene la fuerza más poderosa del universo de su lado.

Los ojos de la fe

2

*Entonces Jehová abrió los ojos
del criado, y miró; y he aquí
que el monte estaba lleno de
gente de a caballo, y de carros
de fuego alrededor de Eliseo.*

2 Reyes 6:17

Años atrás, nuestra hija, Alexandra, estaba cantando en frente de miles de personas cuando su micrófono comenzó a entrecortarse y no podía oírse a sí misma. Las voces le decían: "¡Detente! ¡Nadie te puede oír!". Pero Victoria seguía asintiéndole con la cabeza, como diciéndole: "Sigue adelante, sigue adelante. ¡Vas bien!". Alexandra terminó toda la canción simplemente porque podía ver a su madre asegurándole que todo iba a estar bien.

Hay veces en la vida que el micrófono no funciona. Usted está en medio de su canción, pero alguien lo abandonó, el negocio no funcionó. Algunas voces le dicen que se rinda. Pero si mira a través de los ojos de la fe, usted verá a su Padre celestial asintiéndole con la cabeza, diciéndole: "¡Sigue adelante! Yo estoy en control". La clave es seguir haciendo lo correcto.

*Cuando pases por el fuego de
la opresión, no te quemarás;
las llamas no te consumirán.*

Isaías 43:2, NTV

Usted no puede controlar todo lo que le sucede. Simplemente sea lo mejor que pueda
y confíe en que Dios cuidará del resto. Él no es
solo el Dios de la salida, no solo el Dios de la
meta; Él es el Dios del entremedio. Él lo tiene
en la palma de sus manos. Ahora mismo Él está
llevando a cabo su plan para su vida. No se desaliente por el proceso. Quizá se encuentre en el
fuego, pero es temporal. Lo vencerá. Si usted
tiene fe en el entremedio, creo que el Dios del
entremedio lo protegerá, le proveerá y lo favore-
cerá. No se quedará atascado en el entremedio.
Él abrirá puertas que ninguno puede cerrar y lo
llevará a la plenitud de su destino.

Anclado a la esperanza

Tenemos como firme y segura ancla del alma una esperanza que penetra hasta detrás de la cortina del santuario...

Hebreos 6:19

Un ancla suele ser un dispositivo metálico que se ata a un barco o barca con un cable y es echada por la borda para mantener el barco en un lugar en particular. Una vez que el capitán baja el ancla, no estará a la deriva ni terminará donde no quiere estar. Puede relajarse, porque sabe que ha bajado el ancla. Lo que mantendrá su alma en el lugar correcto, lo que provocará que usted venza los desafíos y alcance sus sueños, es estar anclado a la esperanza. Eso significa que no importa lo que usted enfrente, no importa cuánto tiempo esté tomando, usted sabe que Dios sigue en el trono. Cuando usted está anclado a esta esperanza, nada puede moverlo. Los vientos, las olas y las tormentas oscuras de la vida pueden venir, pero usted no está preocupado. Usted se ha anclado.

5 de septiembre

Él tiene un camino

"El Espíritu del Señor está sobre me, porque… Me ha enviado a proclamar libertad a los cautivos… a poner en libertad a los oprimidos".

Lucas 4:18

Usted recibe un informe médico malo, que haría que muchas personas se molesten y se pongan negativas, pero usted no. Usted está anclado a la esperanza. "Sé que Dios está restaurando mi salud". Usted pasa por una pérdida o decepción y sus emociones están tirando de usted hacia la amargura y la depresión. Pero hay algo que lo está manteniendo en su lugar. En lo profundo usted escucha esa voz diciendo: "Todo estará bien. Dios tiene belleza en lugar de cenizas". Ésa es el ancla de nuestra esperanza. Probablemente su sueño parezca imposible, y las voces le dicen: "¡Ríndete! Nunca sucederá". La mayoría de la gente tiraría la toalla, pero su actitud está anclada a esta esperanza: *Probablemente no vea un camino, pero sé que Dios tiene un camino. Está abriendo puertas que ningún hombre puede cerrar. El favor está en mi futuro.*

Mantenga su ancla abajo

6

También por medio de él, y mediante la fe, tenemos acceso a esta gracia en la cual nos mantenemos firmes.

Romanos 5:2

He aprendido que siempre habrá algo tratando de que elevemos nuestras anclas de esperanza: malos momentos, demoras, decepciones, oraciones no contestadas. Tiene que asegurarse de mantener su ancla abajo. Si la levanta, se irá a la deriva en un mar de duda, desaliento y autocompasión. Cuando usted está anclado a la esperanza, es como si estuviera atado a ella. Probablemente está teniendo pensamientos de duda que dicen: "Este problema nunca se resolverá". Pero su fe se activará: "No, sé que la respuesta viene de camino". En papel podría decirle que le llevaría treinta años salir de deudas. Usted podría aceptarlo, pero como está anclado en la esperanza, hay algo en usted que dice: "Sé que Dios lo puede acelerar. Sé que bendiciones explosivas vienen de camino".

Primero tenga esperanza

Es, pues, la fe la certeza de lo que se espera, la convicción de lo que no se ve.

Hebreos 11:1, RVR1960

En tiempos difíciles, cuando la vida no hace sentido, cuando sus oraciones no son contestadas, cuando está tomando más tiempo de lo que pensó tomaría, mi pregunta es, ¿ha bajado su ancla de esperanza? ¿Tiene esa esperanza, esa expectativa de que sus sueños se van a cumplir, que romperá con esa adicción, que su familia será restaurada? ¿O ha levado su ancla y ahora está a la deriva en un mar de duda, mediocridad y sin esperar nada bueno? Vuelva a tirar su ancla. La escritura dice: "Es, pues, la fe la certeza de lo que se espera". No puede tener fe si primero no tiene esperanza. Usted tiene que creer que lo que Dios puso en su corazón sucederá, que usted logrará sus sueños, que conocerá a la persona correcta, que vivirá saludable y pleno.

Esperanza en Dios

¿Por qué te abates, oh alma mía, y te turbas dentro de mí? Espera en Dios; porque aún he de alabarle, salvación mía y Dios mío.

Salmos 42:5, RVR1960

En una ocasión, David se sintió abrumado por la vida. Estaba deprimido y desanimado y estaba atascado en un lugar bastante tenebroso. Pero entonces se dio cuenta de que había permitido que sus circunstancias lo llevaran a elevar su ancla de esperanza. En efecto, dijo: "Voy a tirar de nuevo mi ancla. Voy a esperar en el Señor".

Quizá usted no vea ninguna razón para tener esperanza en su situación. Usted tiene que hacer como David hizo y esperar en el Señor. No ponga su esperanza en sus circunstancias; quizá no funcionen en la manera que usted espera. No ponga su esperanza en las personas; podrían decepcionarlo. No ponga su esperanza en su carrera; las cosas podrían cambiar. Ponga su esperanza en el Señor. Cuando usted tiene su esperanza en Él, la Escritura dice que usted nunca será decepcionado.

Prisioneros de esperanza

Volveos a la fortaleza, oh prisioneros de esperanza; hoy también os anuncio que os restauraré el doble.

Zacarías 9:12

9 DE SEPTIEMBRE

Ser "prisionero de esperanza" significa que no se puede escapar de ella. Usted está anclado en ella. Usted debería estar desanimado, pero a pesar de todo lo que viene en su contra, usted todavía cree que verá su sueño realizarse. Esa enfermedad puede parecer como si fuera el final para usted. Usted podría estar preocupado, pero usted sabe que nada lo puede arrebatar de la mano de Dios. Su esperanza no está en la medicina, no está en el tratamiento, no está en los profesionales, aunque todas esas cosas son buenas y estamos agradecidos por ellas. Su esperanza está en el Señor, en el Dios que sopló vida en usted. Él es el Dios que sanó a mi madre de cáncer terminal. Mantenga su esperanza en el Señor.

Vuele como un águila

...pero los que confían en el Señor renovarán sus fuerzas; volarán como las águilas: correrán y no se fatigarán, caminarán y no se cansarán.

Isaías 40:31

Cuando se encuentra consumido por la preocupación, lleno de duda, pensando que nunca funcionará, reconozca lo que ha sucedido. Usted ha levado su ancla de esperanza. Las buenas noticias son que usted la puede arrojar de nuevo. Deje de vivir en los pensamientos negativos: *Nunca mejoraré. Nunca saldré de deuda.* Cámbielos y diga: "Padre, te agradezco que la respuesta viene en camino para lo que sea que yo necesite".

Usted no necesita verse abrumado por el tamaño de los obstáculos que está enfrentando. Goliat se veía más grande y más poderoso, pero como David, usted tiene su esperanza en el Señor. Usted sabe que, si Dios está con usted, nadie se atreverá a estar en su contra. Eso no es solamente positivo; eso es mantener el ancla abajo.

Espere en fe

Aun cuando no había motivos para tener esperanza, Abraham siguió teniendo esperanza porque había creído en que llegaría a ser el padre de muchas naciones.

Romanos 4:18, NTV

Cuando Dios le dio a Abraham una promesa de que él y su esposa, Sara, iban a tener su "propio hijo" (ver Génesis 15), ella tenía setenta y cinco años. Era imposible. Nunca había sucedido anteriormente. Abraham podría haber pensado: *Debo haber oído mal a Dios.*

Quizá haya muchas razones por las que su situación no resulte. Pero debe hacer lo que hizo Abraham, contra toda esperanza, espere en fe. No leve su ancla. Dios es un Dios sobrenatural. Sara tenía más de noventa años cuando dio a luz un hijo. Hubo gran cantidad de veces en las que fueron tentados a pensar: *Nunca sucederá. Estamos demasiado viejos.* Si hubieran creído esas mentiras, se habrían ido a la deriva en un mar de duda y nunca habrían visto cumplirse la promesa.

Toda promesa cumplida

"Ustedes bien saben que ninguna de las buenas promesas del Señor su Dios ha dejado de cumplirse al pie de la letra. Todas se han hecho realidad…".

Josué 23:14

¿Se encuentra usted a la deriva en un mar de duda, preocupación y negatividad? Le estoy pidiendo que tire su ancla. Eleve su esperanza. Solo porque la promesa no se haya cumplido, no significa que no vaya a suceder. Sacúdase la autocompasión, sacúdase la decepción. Dios todavía hará realidad lo que le prometió.

No deje que otras personas lo convenzan de olvidar lo que Dios ha puesto en su corazón. No deje que le convenzan de levar su ancla. Dios no puso la esperanza en ellos; puso la esperanza en usted. Por eso es que usted puede tener fe cuando los demás creen que lo que usted está creyendo es imposible. Usted puede creer para obtenerlo a pesar de que les parezca imposible a ellos.

Hasta su cumplimiento

Mas tenga la paciencia su obra completa, para que seáis perfectos y cabales, sin que os falte cosa alguna.

Santiago 1:4, RVR1960

Cuando llegué a ser pastor en Lakewood, la directora del departamento de niños había estado creyendo para tener un bebé por más de veinte años. Ella y su esposo habían tratado y tratado y pasaron por todos los tratamientos de fertilidad, sin éxito. Pasaron los años. Un día, en una junta, ella hizo el comentario: "Cuando tenga mi bebé". Ella habló como si el bebé ya viniera en camino. Ella no dijo: "Si tengo un bebé"; ella dijo: "Cuando tenga mi bebé".

Esa joven mantuvo su esperanza anclada. Veintinueve años después de que comenzó a creer por un bebé, fue al doctor para una revisión. Él le dijo: "¡Felicidades, estás embarazada! Y no solo de un bebé; ¡estás embarazada con gemelos!". Dios siempre termina lo que empieza.

14 de septiembre

No se vaya a la deriva

Por eso es necesario que prestemos más atención a lo que hemos oído, no sea que perdamos el rumbo.

Hebreos 2:1

Cuando era joven, me gustaba jugar con las olas en el océano. Después de un par de horas, cuando busqué alrededor por mi toalla, me di cuenta de que estaba a un par de cientos de yardas de distancia de la playa desde donde había comenzado. No me di cuenta de que todo el tiempo había estado alejándome lentamente.

La Escritura describe la esperanza como el ancla de nuestra alma. No diría "ancla" a menos de que existiera la posibilidad de irse a la deriva. Esto es lo que sucede en la vida. Si no mantenemos nuestra ancla abajo y nos mantenemos llenos de esperanza, entonces poco a poco comenzamos a irnos a la deriva, poniéndonos negativos y desanimándonos. "No creo que vaya a tener un bebé. Ha pasado mucho tiempo"; "Nunca me voy a recuperar"; "Nunca voy a conocer a la persona indicada". El problema es que usted no se ha anclado en la esperanza.

15 de septiembre

Sin duda alguna

Pero pida con fe, no dudando nada; porque el
que duda es semejante a la onda del mar, que es
arrastrada por el viento y echada de una parte a otra.

Santiago 1:6, RVR1960

Lo interesante es que cuando yo estaba en la
playa cuando niño, no fue una gran tormenta
o enormes olas las que causaron que me alejara.
Fue simplemente el movimiento normal del
océano. Si no tiene su ancla abajo, las corrientes
normales de la vida van a hacer que usted se aleje.
Para alejarse no necesita una gran enfermedad o
un divorcio; simplemente la vida diaria lo hace.
Quizá usted no se dé cuenta, pero se ha ido a la
deriva a ese lugar oscuro de duda. Usted solía estar emocionado por sus sueños, pero ha perdido
su pasión. Probablemente se ha alejado hacia la
amargura porque pasó por un mal momento, una
persona le hizo mal. Las buenas noticias son que
usted puede volver a donde se supone que debe
estar. Usted puede bajar esa ancla de esperanza y
comenzar a creer de nuevo, a empezar a esperar su
bondad y bendiciones.

No se mueva

16

Pero de ninguna cosa hago caso, ni estimo preciosa mi vida para mí mismo, con tal que acabe mi carrera con gozo…

Hechos 20:24, RVR1960

Cuando usted está anclado a la esperanza, usted puede tener circunstancias negativas, pero usted no se preocupa porque sabe que Dios está peleando sus batallas. Puede que no vea cómo sus sueños se pueden hacer realidad, pero no se rinda. Usted sabe que Dios está entre bastidores arreglando las cosas a favor suyo. Puede que esté decepcionado, pero no se amarga. Usted sabe que el llanto puede durar por una noche, pero que el gozo viene en la mañana.

Anclado en la esperanza no significa que no va tener dificultades; significa que cuando esas dificultades vienen, usted no irá a la deriva. Nada grande o pequeño lo moverá o causará que leve su ancla. Seguro que vendrán vientos, olas y cambios de oleaje, pero usted se mantiene consistente, su esperanza está en el Señor.

Avive la esperanza

SEPTIEMBRE

17

Por lo cual te aconsejo que avives el fuego del don de Dios que está en ti…

2 Timoteo 1:6, RVR1960

La vida es demasiado corta para que usted la pase a la deriva, sintiéndose negativo, desalentado y sin pasión. Eleve su esperanza de nuevo. Si no tiene una expectativa en su espíritu de que algo bueno viene, limitará lo que Dios pueda hacer. Usted tiene que avivar su esperanza. Si no lo hace, se irá a la deriva en un mar de autocompasión, preocupación y desánimo. "Bueno, Joel, si Dios es bueno, ¿por qué no se han cumplido mis sueños?". Porque usted tiene un enemigo que está tratando de evitar que usted llegue a su destino. Pero esta es la clave: las fuerzas que están a su favor son mayores que las fuerzas que están en su contra. No permita que lo que le sucede a usted cause que leve su ancla. Si usted mantiene su esperanza en el Señor, Dios lo llevará a donde se supone que deba estar.

Coronado con favor

...y lo coronaste de gloria y de honra.

Salmos 8:5, RVR1960

Tener esperanza se trata de que su alma esté anclada a lo correcto. Si usted no está anclado a la esperanza, con el tiempo se anclará en algo más. Usted se puede anclar en el desánimo y ver todo con una perspectiva contaminada. Todo será amargo. Conozco personas que están ancladas en la amargura. Están tan enfocadas en quién los lastimó y en lo que no fue justo, que la amargura ha envenenado sus vidas. Usted puede anclarse a la autocompasión e ir por ahí con un resentimiento, siempre pensando en lo injusta que ha sido la vida. Estar anclado a cualquiera de esas cosas lo mantendrá lejos de su destino. Es hora de levar ancla y acercarse a la esperanza. Dios no le coronó de favor y le dio un manto de realeza para que pudiera ir por allí anclado a la duda, el temor y la amargura.

Siga adelante

Tú vienes contra mí con espada, lanza y jabalina, pero yo vengo a ti en el nombre del Señor Todopoderoso, el Dios de los ejércitos de Israel, a quien has desafiado.

1 Samuel 17:45

19 DE SEPTIEMBRE

Cuando enfrente dificultades, mantenga la perspectiva correcta. Una dificultad no está allí para derrotarlo; está allí para promoverlo. David podría haber visto a Goliat y haber pensado: *Qué barbaridad, nunca lo voy a derrotar. Es el doble de mi tamaño.* Si David hubiera levado su ancla de esperanza, no estaríamos hablando de él. Goliat no fue enviado a detener a David; fue enviado a promoverlo. Lo que usted está enfrentando no tiene el propósito de retenerlo; tiene el propósito de impulsarlo hacia adelante. En lugar de ser negativo y decir: "Dios, ¿por qué está sucediendo esto? ¿Cómo es que siquiera funcionará?". Manténgase anclado a la esperanza. "Dios, no veo un camino, pero mi esperanza está en ti. Sé que lo tienes todo ya pensado, y que me llevarás a donde se supone que debo estar".

Espere su bondad

La esperanza frustrada aflige al corazón…

Proverbios 13:12

Si usted no tiene esperanza de que el problema cambie, si no espera que el sueño vaya a funcionar o que la nueva casa esté en su futuro, entonces su corazón, su espíritu, se van a enfermar. Cuando usted no tiene esperanza, no es positivo o no está esperando la bondad de Dios, algo está mal en el interior. Todos pasamos por épocas en la vida en las que las cosas no son emocionantes. Es fácil ponerse melancólico y perder nuestro entusiasmo. Eso es parte de las corrientes normales de la vida. Nadie vive en la nube nueve con todo perfecto y emocionante todos los días. Parte de la buena batalla de la fe es mantenerse esperanzado en las temporadas secas. Cuando esté tomando mucho tiempo, mantenga una sonrisa en su rostro y a lo largo del día diga: "Gracias, Señor, que tienes preparadas cosas buenas".

Corte algunas líneas

...ya no seas incrédulo. ¡Cree!

Juan 20:27

Una vez estaba pescando con un amigo y su papá y el ancla de su bote quedó tan atrapada en algo que no la podíamos subir. Todo lo que podíamos hacer era cortar la línea. La alternativa era quedar atrapados en el golfo.

Si usted ha estado anclado al desánimo, a la preocupación o al pesimismo por mucho tiempo, probablemente tenga que hacer lo que hizo el papá de mi amigo y cortar la línea, por decirlo así. El enemigo no quiere que usted sea libre. Él no quiere que esté anclado a la esperanza. Quiere que pase por la vida sintiéndose agriado, desanimado y en duda. Es tiempo de cortar algunas líneas. Es hora de decir: "Este es un nuevo día. Estoy cortando esas líneas y me estoy anclando a la esperanza".

Hágalo su propósito

22

Pero yo he puesto mi esperanza en el Señor; yo espero en el Dios de mi salvación. ¡Mi Dios me escuchará!

Miqueas 7:7

Owen tiene diecisiete años y una de sus cosas favoritas era jugar baloncesto. Su sueño era obtener una beca para jugar en el colegio universitario. Sin embargo, en 2014 supo que tenía un trastorno genético que podía fácilmente ser fatal si no se trataba. Cuando le dijeron que nunca podría volver a jugar baloncesto, Owen lloró por treinta segundos, pero luego dijo: "Papá, solamente tengo trece años. Todavía puedo llegar a ser un entrenador o un árbitro o incluso trabajar para la NBA". No cortó su línea de su ancla de esperanza porque sabía que eso no era una sorpresa para Dios. Entonces Owen decidió que quería ayudar a otros muchachos como él, así que comenzó a tener eventos para recaudar fondos. En febrero de 2016, recaudó ciento cuarenta mil dólares. Owen dice: "Usted puede hacerlo su excusa, o puede hacerlo su propósito".

Levántese y resplandezca

*¡Levántate y resplandece, que
tu luz ha llegado! ¡La gloria
del Señor brilla sobre ti!*

Isaías 60:1

Cuando la vida le lance una curva, usted tiene que tener la perspectiva correcta cuando los tiempos oscuros persistan. Un mal momento, una decepción, un divorcio o una enfermedad no pueden detenerlo. Usted puede haber tenido algunas decepciones y la vida puede haberle dado una mano difícil, pero eso no puede detener su destino. Las probabilidades pueden estar en su contra, pero el Dios Altísimo está de su parte.

Manténgase esperando en fe. Usted no ha visto sus mejores días. Dios lo tiene en las palmas de sus manos. Puede haber sido intencionado para su mal, pero Él lo va usar para su bien. Si usted se mantiene anclado a la esperanza, lo que ahora es su prueba pronto se convertirá en su testimonio. Usted se levantará sobre cada desafío, derrotará a cada enemigo y se convertirá en todo lo que Dios lo creó para que fuera.

24 de septiembre

Empujados hacia nuestro propósito

Puedes hacer todos los planes que quieras, pero el propósito del Señor prevalecerá.

Proverbios 19:21

No siempre entendemos por qué nos suceden ciertas cosas. Quizá un amigo que usted pensó que estaría con usted durante años, de momento se mudó. Ahora usted tiene que buscar nuevos amigos. O en el trabajo, tenía todo este favor, las cosas iban excelentes, pero ahora hay un conflicto, todo es cuesta arriba y usted no lo está disfrutando.

Algunas veces Dios nos permitirá estar incómodos durante un periodo oscuro y difícil para poder bendecirnos más tarde. Puede cerrar una puerta, lo cual no nos gusta, pero más tarde abrirá una puerta más grande. Dios no está tan preocupado por nuestra comodidad como lo está por nuestro propósito. Habrá veces en que Él sacudirá las cosas para forzarnos a cambiar. Su meta no es hacer nuestra vida miserable; Él nos está empujando a nuestro propósito.

25 de septiembre

Siga moviéndose

...el Señor nuestro Dios nos ordenó: "Ustedes han permanecido ya demasiado tiempo en este monte".

Deuteronomio 1:6

No toda puerta cerrada es algo malo. No siempre es una tragedia que una persona se aleje de nosotros. Dios sabe que no avanzaríamos sin un empujón. Cuando todo va bien no queremos estirarnos o desarrollar nuevas habilidades. Dar un paso hacia lo desconocido puede ser atemorizante. ¿Y si no funciona?

Quizá no nos guste, pero si Dios no hubiera cerrado esa puerta, nos habríamos conformado con quedarnos donde estábamos. Dios lo ama demasiado como para permitir que su destino se pierda. Usted tiene demasiado potencial, demasiado talento, demasiado en usted para que se quede estancado donde está. Él lo pondrá en situaciones que lo harán estirarse, lo harán crecer, expandir sus alas.

Como Él lo decidió

El Señor Todopoderoso ha jurado: "Tal como lo he planeado, se cumplirá; tal como lo he decidido, se realizará".

Isaías 14:24

Ninguna de las dificultades por las que ha pasado o ninguno de los malos momentos que ha experimentado han tenido el propósito de detenerlo. Tenían el propósito de empujarlo, de estirarlo, de hacerlo madurar, de fortalecerlo. Depositaron algo dentro de usted. Lo hicieron quién es usted hoy. Usted no estaría preparado para los nuevos niveles si no hubiera pasado por lo que pasó. Cuando usted enfrenta una dificultad, algo que usted no entiende, en lugar de desanimarse, en lugar de quejarse, tenga una nueva perspectiva: *Esto no está aquí para derrotarme; está aquí para promoverme.* Probablemente no me guste, y quizá me incomode, pero sé que Dios lo está usando para impulsarme a un nuevo nivel, para empujarme a una influencia mayor, para llevarme a mi propósito.

*Pero el Señor me dijo: «No
digas: "Soy muy joven",
porque vas a ir adondequiera
que yo te envíe, y vas a decir
todo lo que yo te ordene».*

Jeremías 1:7

Cuando reflexiono sobre mi vida, puedo ver
los momentos cruciales en los que realmente
crecí cuando me empujaron. En el momento no
me gustó, y quería quedarme donde estaba. No
lo hubiera hecho por mi cuenta. Dios tuvo que
cerrar las puertas y forzarme a dar pasos de fe.
Me empujó hacia mi propósito.

Algunas veces estamos orando justo en contra de lo que Dios ha dispuesto, en contra de
lo que Él puso en movimiento. El enemigo no
cierra todas las puertas. Algunas veces Dios cierra la puerta. Si la puerta se cerró y usted pasó
por una decepción, no vaya por ahí quejándose.
La puerta cerrada significa que usted será im-
pulsado hacia su propósito, usted está por ver
un nuevo crecimiento, nuevos talentos, nuevas
oportunidades.

Momentos cruciales

Pero Moisés le dijo a Dios: "¿Y quién soy yo para presentarme ante el faraón y sacar de Egipto a los israelitas?".

Éxodo 3:11

Cuando tenía diecinueve años, comencé un ministerio televisivo para mi padre en Lakewood, pero yo no tenía mucha capacitación. Contratamos a un productor de televisión experimentado que me enseñó a cómo dirigir las cámaras, cómo era la iluminación correcta y cómo editar. Un año después, cuando me anunció que se iba, pensé que eso era lo peor que podía pasarme. Oré que Dios lo hiciera cambiar de opinión, pero no lo hizo.

Su partida fue un momento crucial en mi vida. Dios usó eso para empujarme a mi destino. Aunque yo estaba incómodo, aprendí que podía hacer cosas que nunca pensé que podría hacer. Fue lo mejor para mí. Si Dios hubiera contestado mi oración, yo no sería quien soy hoy.

Siga adelante

...¿Cuánto tiempo vas a quedarte llorando por Saúl, si ya lo he rechazado como rey de Israel?

1 Samuel 16:1

El profeta Samuel había pasado años siendo mentor del rey Saúl cuando era joven. Cuando Dios le dijo a Samuel que le iba a quitar el trono a Saúl por su desobediencia, Samuel se desanimó tanto que Dios tuvo que decirle: "Deja de llorar por lo que yo he rechazado". Dios le dijo a Samuel: "Encontré un hombre nuevo. Su nombre es David y quiero que vayas y lo unjas como el próximo rey".

Observe el principio: si usted deja de desanimarse por el que se fue, las personas correctas llegarán. Pero eso no sucederá si usted se sigue quejando de los Saúles de su vida y de lo que no funcionó. Cuando usted acepta lo que ha sucedido y sigue adelante, los David se van a presentar. La gente que usted necesita estará allí para cada temporada de su vida.

Las dificultades traen un empuje

Llegué a pensar: "Moriré en mi propia casa; mis días serán incontables como la arena del mar".

Job 29:18

Job tenía su nido arreglado, tenía su casa justo como la quería y tenía un negocio exitoso. Las cosas estaban bien. Finalmente estaba cómodo, pero ¿qué sucedió? Dios sacudió su nido. Dios no trae el problema, pero permitirá las dificultades para que nos empujen a nuestro destino. Casi de la noche a la mañana Job perdió su salud, sus hijos y su negocio. Si la historia terminara aquí, sería un final triste. Pero Job entendió este principio. A pesar de todas las dificultades, dijo: "Yo sé que mi Redentor vive". Él estaba diciendo: "Sé que Dios sigue en el trono. Este problema no me derrotará; me impulsará". Al final, Job terminó con el doble de lo que había tenido antes. El sueño de Dios para su vida fue más grande de lo que él podía imaginar.

Nuevos descubrimientos

Anda, ponte en marcha, que yo te ayudaré a hablar y te diré lo que debas decir.

Éxodo 4:12

Durante diecisiete años yo hice la producción de televisión en Lakewood. Pensé que así era como yo pasaría el resto de mi vida. Me encantaba hacerlo. Pero en el 1999, cuando mi padre partió con el Señor, sabía que yo debía pastorear la iglesia, pero no pensé que podía hacerlo. No tenía el entrenamiento o la experiencia. Esa pérdida me empujó a descubrir nuevos talentos; me condujo a una mayor influencia. Cada vez que he visto un crecimiento importante en mi vida, la adversidad, pérdida y decepción están envueltas.

Quizá usted se encuentre en una situación en la que podría desanimarse fácilmente, pero Dios lo usará a su favor. Él lo sacará aumentado, promovido, fortalecido, más sabio y mejor de lo que era antes.

2 | Algo nuevo

¡Hiciste bien, siervo bueno y fiel! En lo poco has sido fiel; te pondré a cargo de mucho más.

Mateo 25:21

Es fácil pensar que una pérdida es el fin, pero usted descubrirá que lo hará nacer a un nuevo nivel de su destino, así como la pérdida lo hizo por mí. La decepción, la persecución o la traición pueden ser dolorosas, y probablemente a usted no le guste, pero si mantiene la fe, lo promoverán. No estaría donde estoy hoy si Dios no se hubiera llevado al productor de televisión y me hubiera empujado cuando tenía veinte años. No estaría liderando la iglesia hoy si Él no me hubiera empujado cuando mi padre falleció en 1999. Eso fue difícil, pero Dios no desperdicia el dolor. El dolor es una señal de nuevo nacimiento. Entre mayor sea la dificultad, más cerca se encuentra del nacimiento.

Comience de nuevo

OCTUBRE

3

*Me has hecho pasar por
muchos infortunios, pero
volverás a darme vida; de las
profundidades de la tierra
volverás a levantarme.*

Salmos 71:20

Steve Jobs fue una de las mentes más brillantes de nuestra generación. A los veintiún años, cofundó Apple Computer. Para el tiempo en que cumplió veintitrés era increíblemente exitoso y conocido alrededor del mundo. Pero a los treinta años, después de crear su marca global, entró en conflicto con su junta de directores, y finalmente fue echado de la empresa que inició. Se sintió traicionado y agraviado. Salió y comenzó otra empresa que creó algo que Apple necesitaba. Era tan exitosa que Apple la compró y trajo de vuelta a Steve Jobs como su director ejecutivo principal, y se le dio el crédito de revitalizar la empresa. Él dijo: "Haber sido despedido de Apple fue lo mejor que me podría haber sucedido. Me liberó para entrar en uno de los periodos más creativos de mi vida".

4 de octubre

Elevado más alto

*Como un águila que agita el nido y revolotea sobre
sus polluelos, que despliega su plumaje y los lleva
sobre sus alas.*

Deuteronomio 32:11

Moisés dijo: "Como un águila agita el nido,
así agitará a sus hijos". Cuando las cosas se
están agitando en su vida, cuando las cosas se
vuelven incómodas y no salen como usted espera, se cierra una puerta, un amigo le traiciona,
sacúdase la autocompasión y prepárese para que
se abran nuevas puertas, nuevas oportunidades,
nuevas destrezas, nuevas amistades. No se queje
de quien le hizo mal. Si fuera a evitar que usted
llegue a su destino, Dios no lo habría permitido. No piense: *Bueno, esa es mi suerte. Nunca
tengo buenas oportunidades.* Cámbielo y diga:
"Dios, sé que estás en control y que estás agitando las cosas porque estás a punto de abrir
nuevas puertas, estás a punto de llevarme a un
nuevo nivel, estás a punto de empujarme hacia
mi propósito".

5 de octubre

Espere sabiamente

Así que tengan cuidado de su manera de vivir. No vivan como necios, sino como sabios, aprovechando al máximo cada momento oportuno...

Efesios 5:15-16

Cuando Victoria dio a luz a nuestros hijos, fue muy doloroso. Entre más fuerte era el dolor de las contracciones, más cercana estaba a dar a luz. En un momento dado, el doctor le dijo: "Cuando tengas una contracción, quiero que pujes". Él no la hizo pujar hasta que el canal del parto estuviera abierto y el bebé estuviera listo para salir. Tenían que esperar el momento adecuado. De la misma manera, cuando usted está siendo empujado, quiere decir que la puerta está abierta. Algo nuevo viene, nuevos niveles, nueva influencia nuevo crecimiento. Dios no estuviera empujándolo si la puerta estuviera cerrada y nada bueno preparado. Cuando usted está siendo empujado, no se desanime. Prepárese porque algo bueno viene en camino.

Espacio para crecer

6

Me sacó a un amplio espacio; me libró porque se agradó de mí.

2 Samuel 22:20

El vientre es un lugar maravilloso para el desarrollo del bebé. Pero si se queda en el vientre demasiado tiempo, en lugar de que el vientre sea una bendición, será una carga. En cierto punto, le quedará demasiado pequeño y lo detendrá de su destino, limitará su potencial. Tiene que salir.

Es el mismo principio con nosotros: cuando las cosas se ponen apretadas, cuando sentimos presión, es fácil pensar: *¿Qué está sucediendo? Estaba tan apacible. Quiero volver a como estaba todo.* Pero si usted se queda en ese lugar protegido demasiado tiempo, evitará que usted llegue a ser lo que fue creado para ser. Si usted está siendo presionado, usted está a punto descubrir dones y talentos que no sabía que tenía.

Un camino ancho

Has trazado un camino ancho para mis pies a fin de evitar que resbalen.

Salmos 18:36, NTV

Mencioné en una lectura anterior que cuando mi padre renunció a la iglesia que había pastoreado por muchos años, se sintió rechazado y traicionado y devastado. Pensó: *¡He dado tanto! Dios, ¿por qué está sucediendo esto?* Pero el hecho es que Dios lo estaba orquestando todo. Dios sabía que mi padre nunca alcanzaría su potencial en ese ambiente limitado. Si esa gente nunca hubiera estado en su contra, nunca habría cumplido su destino.

No se moleste con las personas que le hacen mal, lo traicionan o lo dejan fuera. Dios usa a la gente para empujarlo a donde se supone que debe estar. Sin ellos, usted no podría cumplir su destino. Quizá piensen que lo están empujando hacia abajo, pero de lo que no se dan cuenta es que lo están empujando hacia arriba.

Fuera de su zona de comodidad

En aquel día hubo una gran persecución contra la iglesia... Entonces Felipe, descendiendo a la ciudad de Samaria, les predicaba a Cristo.

Hechos 8:1, 5, RVR1960

8 DE OCTUBRE

Esta persecución forzó a Felipe a salir de Jerusalén. Fue empujado fuera de su zona de comodidad. Lo interesante es que anteriormente Dios había derramado su Espíritu sobre los creyentes en Jerusalén. El mismo Dios que les mostró esa gran señal podría haber detenido la persecución, pero esta fue con un propósito – un plan para empujarlos hacia sus destinos. Fue en Samaria que Felipe vio los mayores días de su ministerio. Si se hubiera quedado en Jerusalén, nunca habría alcanzado todo su potencial.

Quizá usted haya sido empujado a salir de Jerusalén, por así decirlo, a través de un mal momento, una decepción, una traición. No se desanime. Jerusalén quizá se cerró, pero Samaria está a punto de abrirse. Dios no lo estaría empujando si no tuviera ya otra puerta abierta.

Muévase o será movido

*Y mirándole Jehová, le dijo:
Ve con esta tu fuerza, y
salvarás a Israel de la mano
de los madianitas. ¿No te
envío yo?*

Jueces 6:14, RVR1960

9 DE OCTUBRE

Un amigo mío trabajó en un empleo y sabía que había superado lo que podía hacer allí, pero tenía miedo de dar un paso de fe. Este hombre es una de las personas más amables que usted conocerá alguna vez y un empleado modelo. Entonces un día me sorprendió cuando me dijo que lo habían despedido. Era como decir: "¡La Madre Teresa acaba de asaltar un banco!". Pero Dios lo amaba demasiado como para dejarlo quedarse en la mediocridad. Hoy es vicepresidente de una empresa importante.

Dios sabe cómo hacerlo salir de su zona de comodidad. Él abrió la puerta; Él puede cerrar la puerta. Si no tomamos la indirecta, él nos empujará. Esa puerta cerrada es Dios empujándole. Si no fuera a funcionar para su bien, Dios no lo hubiera permitido.

Soplado por los vientos

...Pablo, no temas; es necesario que comparezcas
ante César...

Hechos 27:24

Cuando Dios le dijo al apóstol Pablo que iba a comparecer delante de César, iba en un barco dirigido hacia Roma y estaban en el medio de una gran tormenta. Los vientos finalmente hicieron encallar la nave y todos los que estaban a bordo de la nave tuvieron que nadar a una pequeña isla llamada Malta. Pareciera como si los planes de Pablo no hubieran funcionado, pero la tormenta no paró los planes de Dios; era parte del plan de Dios. Sopló a Pablo hacia su propósito. En la isla, el padre del jefe principal estaba muy enfermo. Pablo oró por él y el hombre fue sanado. Le trajeron otras personas enfermas y también fueron sanadas. Pablo terminó compartiendo su fe con la gente de toda la isla y muchos vinieron a conocer al Señor.

Algo más gratificante

Pobrecita, fatigada con tempestad, sin consuelo; he aquí que yo cimentaré tus piedras sobre carbunclo, y sobre zafiros te fundaré.

Isaías 54:11

A pesar de que parecía algo malo en ese momento, Dios usó una violenta tormenta para empujar al apóstol Pablo hacia su propósito. Y Él usará los vientos de la vida que estaban intencionados para hacerle daño para empujarlo a su destino. Quizá no lo comprenda, probablemente sea incómodo, pero mantenga la actitud correcta. Esa tormenta no lo derrotará; lo promoverá. Esa tormenta lanzó a mi padre de un ambiente limitado a una iglesia que impactó al mundo. Llevó a mi amigo de un trabajo donde no estaba usando sus dones a la vicepresidencia de una empresa grande. Usted está siendo empujado por una razón. Hay algo más grande, algo mejor, algo más gratificante frente a usted.

Saldrá mejorado

Nos vemos atribulados en todo, pero no abatidos; perplejos, pero no desesperados.

2 Corintios 4:8

Cuando se siente presionado, que lo están estrechando y exprimiendo, es porque está a punto de ver un nacimiento. Donde usted se encuentra es demasiado pequeño. El vientre fue bueno por un tiempo y sirvió su propósito, pero ahora usted está entrando en una temporada de nuevo crecimiento, nueva oportunidad y nuevos talentos. Usted tiene que estar dispuesto a pasar por el proceso. Tenga la perspectiva correcta. Diga: "Esta enfermedad no me detendrá; me está empujando y saldré mejor". "Este problema en el trabajo no me detendrá; me está empujando". "Las personas que me hicieron daño no pueden detener mi destino. Ellos pensaron hacerme mal, pero no cayeron en cuenta de que Dios lo está usando para mi bien. Me está empujando".

Solo crea

Pero Jesús, luego que oyó lo que se decía, dijo al principal de la sinagoga: No temas, cree solamente.

Marcos 5:36, RVR1960

OCTUBRE
13

Cada tormenta por la que usted haya pasado, cada contratiempo y cada temporada oscura y solitaria, depositó algo en el interior. Lo empujó a madurar, lo impulsó a confiar en Dios en una manera más grande, lo propulsó a ser más resiliente y determinado. No se desaliente por el proceso. Probablemente usted está siendo empujado en este momento, está siendo apretado, presionado y se siente incómodo. Usted necesita prepararse, está a punto de ver un nuevo nacimiento. Si mantiene la actitud correcta, Dios lo impulsará a un nuevo nivel. Lo impulsará a una influencia amplia, una fuerza mayor, a recursos abundantes. Usted está llegando a una nueva temporada de salud, favor, abundancia, promoción y victoria. Esos vientos que estaban intencionados para detenerlo, lo van a empujar a su propósito.

14 de octubre

Descripción de la ruta

Conduciré a los ciegos por caminos desconocidos, los guiaré por senderos inexplorados; ante ellos convertiré en luz las tinieblas, y allanaré los lugares escabrosos.

Isaías 42:16

Cuando escribo una dirección en mi sistema de navegación, la opción "Descripción de la ruta" me da todos los detalles de mi viaje. Usted sabe a dónde va, cuánto le tomará y qué esperar. Conocer todos los detalles nos hace sentir cómodos.

De manera similar, Dios tiene una descripción de la ruta para su vida. Él conoce su destino final y conoce la mejor manera de llegar allí. Pero Dios no le muestra la descripción de la ruta. No le dice cómo sucederá, cuánto tiempo durará, de dónde saldrán los fondos o a quién conocerá. Lo dirige un paso a la vez. Si usted confía en Él y toma ese paso a lo desconocido, Él le mostrará otro paso. Paso a paso, Él lo dirigirá a su destino.

15 de octubre

Fe valiente

Por la fe Noé, siendo advertido por Dios acerca de cosas que aún no se veían, con temor preparó un arca para la salvación de su casa...

Hebreos 11:7, LBLA

La mayoría de nosotros no tendríamos ningún problema en tomar ese paso de fe para comenzar ese negocio, regresar a la escuela, mudarnos a ese nuevo sitio, si supiéramos de dónde saldrá el dinero, cuánto tiempo requerirá y las personas indicadas que estarán allí para apoyarnos. Pero esta es la clave: Dios no da los detalles. No le dará un plano de toda su vida. Si usted tuviera toda la información, no necesitaría la fe. Él lo enviará sin que usted lo sepa todo. Si usted tiene la valentía de entrar a lo desconocido y hacer lo que usted sabe que le está pidiendo que haga, se abrirán puertas que usted nunca podría haber abierto, las personas correctas se presentarán, usted tendrá los fondos y cualquier otro recurso que necesite.

La luz que tiene

Tu palabra es una lámpara a mis pies; es una luz en mi sendero.

Salmos 119:105

Una "lámpara" implica que usted tenga suficiente luz para ver delante de usted. Dios no le está dando la luz que muestra su vida por los siguientes cincuenta años. Es más parecido a como cuando usted está conduciendo por la noche con los faros bajos, que usted solamente ve cien pies delante de usted. Usted no deja de conducir porque no puede ver el destino final. Usted simplemente sigue avanzando, tanto como las luces lo permitan, sabiendo que finalmente llegará a su destino.

Mi pregunta es: ¿Dará usted el próximo paso que Dios le dé con la luz que tiene? Si usted está esperando todos los detalles, estará esperando toda su vida. Todos queremos estar cómodos, pero caminar en la voluntad perfecta de Dios lo hará estirarse, orar y creer.

Entre en lo desconocido

*¡Sé fuerte y valiente!
¡No tengas miedo ni te
desanimes! Porque el Señor
tu Dios te acompañará
dondequiera que vayas.*

Josué 1:9

Cuando usted está caminando en la voluntad de Dios, no estará seguro de cómo funcionará todo, pero eso es lo que hará que usted confíe en Él de una manera más grandiosa. Dios no está interesado solamente en el destino. Le está enseñando a lo largo del camino; lo está preparando y haciéndolo crecer.

¿Será valiente y dará un paso hacia lo desconocido? Lo desconocido es donde los milagros suceden, es donde usted descubre habilidades que no sabía que tenía, es donde usted logra más de lo que había soñado. Solo porque usted no tenga los detalles no significa que Dios no tenga los detalles. No lo estaría llevando allí si no tuviera un propósito. Él tiene la provisión, Él tiene el favor y tiene lo que usted necesita para ir al siguiente nivel.

Soporte el silencio

Solo en Dios halla descanso mi alma; de él viene mi esperanza.

Salmos 62:5

Algo que me gusta de mi sistema de navegación es que me da detalles específicos. "Avance 9,3 millas por esta vía y tome la salida en…". Todo está justo frente a mí para que lo vea. Pero Dios no nos dirige de esa manera. Él le dirá que tome cierto camino. Entonces, lo primero que hacemos es preguntar por los detalles. "¿Qué tan lejos?". No hay respuesta. "¿Dónde quieres que gire?". No hay respuesta. "¿Quién se encontrará conmigo?". No hay respuesta. Sería mucho más fácil si Dios nos diera los detalles específicos. Pero eso no requeriría nada de fe. ¿Puede soportar el silencio de no saberlo todo? ¿Confiará en Dios, aunque no tenga los detalles? ¿Tomará ese paso de fe, aunque esté nervioso, incómodo y no esté seguro de cómo funcionará?

Sea valiente

*Por la fe Abraham, cuando
fue llamado para ir a
un lugar que más tarde
recibiría como herencia,
obedeció y salió sin saber a
dónde iba.*

Hebreos 11:8

Dios le dijo a Abraham que empacara su casa, dejara su parentela y se dirigiera a una tierra que Dios le iba a dar como herencia. El único problema fue que Dios no le dio ningún detalle, queriendo decir que no sabía a dónde iba. Me puedo imaginar a Abraham diciéndole a su esposa Sara: "Mi amor, nos vamos a mudar. Dios me prometió que nos llevará a una tierra mejor donde vamos a ser bendecidos en una nueva manera". Escucho a Sara diciendo: "¡Eso es emocionante! ¿A dónde vamos?". Abraham responde: "No estoy seguro. Él no me dijo". En ese punto, Sara se da cuenta de la realidad y responde: "¿Estás seguro de que Dios te dijo esto?".

Si usted va a dar un paso hacia lo desconocido, requerirá valentía.

Provisión para cada paso

*Señor, yo sé que el hombre no es dueño de su destino,
que no le es dado al caminante dirigir sus propios
pasos.*

Jeremías 10:23

Caminar hacia lo desconocido, no siempre tendrá sentido. Sus propios pensamientos le dirán: *Mejor vete a la segura. ¿Y si no funciona?* Pero solo porque no tenga todas las respuestas y solo porque esté incómodo, no significa que no deba hacerlo. El salmista dijo: "El Señor dirige los pasos de los justos". Si usted toma ese paso, sin conocer los detalles, pero confiando en que Dios sabe lo que está haciendo, entonces a cada paso del camino habrá provisión, habrá favor, habrá protección. Sí, es incómodo no conocer los detalles; y sí, usted tiene que estirarse, tiene que orar y tiene que confiar. Pero a cada paso no solamente tendrá la bendición de Dios; también estará creciendo y fortaleciéndose.

Camine sobre el agua

"Ven", dijo Jesús. Pedro bajó de la barca y caminó sobre el agua en dirección a Jesús.

Mateo 14:29

Cuando Jesús vino caminando a través del mar tormentoso en la oscuridad de la noche, Pedro fue el único discípulo quien tuvo la valentía de salir del bote y caminar en el agua hacia Él. Me puedo imaginar a los demás discípulos diciendo: "¡Pedro, quédate aquí con nosotros! Es demasiado peligroso. Te podrías ahogar". Pero cuando Jesús le dijo que viniera, Pedro dio un paso hacia lo desconocido y caminó sobre el agua. Sí, Pedro se hundió, pero caminó sobre el agua. Aunque lo que es familiar sea cómodo, puede convertirse en una maldición más que en una bendición. La familiaridad, aquello a lo que está acostumbrado, cómo fue criado, el empleo que ha tenido durante años, puede desviarlo de su destino. No permita que su comodidad evite que usted salga de la barca y se convierta en quien fue creado.

22

Propósito antes que la comodidad

El Señor le dijo a Abram: "Deja tu tierra, tus parientes y la casa de tu padre, y vete a la tierra que te mostraré".

Génesis 12:1

Si Abraham hubiera puesto su comodidad por encima de cumplir con su propósito, no estaríamos hablando de él. Usted no puede jugar a la segura toda su vida y alcanzar la plenitud de su destino. No permita que los "y si" lo convenzan de no dar ese paso. "¿Y si fracaso? ¿Y si no tengo los fondos? ¿Y si dicen que no?". Usted nunca lo sabrá a menos que lo intente. ¿Y si se destaca en él? ¿Y si descubre nuevos talentos que no sabía que tenía? ¿Y si eso lo lleva a más oportunidades? "¿Y si comienzo esta nueva relación y termino herido nuevamente?" ¿Y si entra en ella y es más feliz de lo que ha sido en toda su vida? Cuando llegue al final de su vida, ¿tendrá más remordimientos por los riesgos que tomó o por los que no tomó?

*Ahora estoy obligado por el
Espíritu a ir a Jerusalén. No sé
lo que me espera allí.*

Hechos 20:22, NTV

Por cada victoria importante y cada logro significativo en mi vida, he tenido que dar un
paso hacia lo desconocido. Cuando mi padre
partió con el Señor y di el paso para pastorear la
iglesia, las voces me decían: "¡No lo hagas! Vas
a subir allí y vas a hacer el ridículo". Yo sabía
que era algo más allá de mí y sabía que no tenía
la experiencia. Pero también sabía que cuando
somos débiles, el poder de Dios se muestra a su
máximo. Todo hasta dónde podía ver delante
de mí era: "Joel, toma el desafío y pastorea la
iglesia". Si Dios me hubiera mostrado todo lo
que estamos haciendo hoy, le hubiera dicho:
"De ninguna manera. No puedo hacer eso". Algunas veces la razón por la que Dios no nos dice
lo que está en nuestro futuro es que sabe que no
lo podemos manejar en ese momento.

24 de octubre

Más allá de su imaginación

«Ningún ojo ha visto, ningún oído ha escuchado,
ninguna mente ha imaginado lo que Dios tiene
preparado para quienes lo aman».

1 Corintios 2:9

Lo que Dios tiene preparado para usted lo dejará atónito, los lugares a donde lo llevará, las personas a las que influenciará, los sueños que logrará. Será mayor de lo que jamás se ha imaginado. Usted sabe dónde está, está en lo desconocido, en lo que no puede ver en este momento, en aquello para lo que no se siente calificado, en lo que parece que está más allá de su capacidad. Cuando usted tiene algo frente a usted que parece demasiado grande y no cree tener lo que se requiere para hacerlo, eso es Dios estirándolo. Usted ha estado en ese peldaño suficiente tiempo. Usted ha pasado esa prueba y ahora el siguiente paso viene: un nuevo nivel de favor, un nuevo nivel de bendición, un nuevo nivel de influencia, un nuevo nivel de unción.

25 de octubre

Sin fluctuar

Mantengamos firme, sin fluctuar, la profesión de nuestra esperanza, porque fiel es el que prometió.

Hebreos 10:23, RVR1960

Yo estaba conduciendo a otra ciudad por un camino rural por un estrello de cerca de cien millas y noté que mientras me mantuviera en el camino correcto, la voz del GPS permanecía en silencio. Deseaba que de pronto hablara y me dijera: "Va en camino". Pero nunca decía nada hasta que era el momento de hacer algo diferente. Algunas veces Dios está en silencio. Usted no lo escucha decir nada. Es fácil pensar que algo anda mal. Él no está hablando. Pero eso significa que va en el camino correcto. Siga siendo lo mejor que pueda con lo que tenga. Siga estirándose, siga orando y siga creyendo. El siguiente paso viene. Usted tiene que pasar la prueba de ser fiel donde se encuentra. Ese siguiente paso será un paso de aumento, de favor, de sanidad, de avance.

En ese momento

Tan pronto como los sacerdotes que llevan el arca del Señor... pongan pie en el Jordán, las aguas dejarán de correr y se detendrán formando un muro.

Josué 3:13

Cuando Josué y los israelitas llegaron al Jordán, no había manera en que pudieran cruzar. Dios le dijo a Josué que hiciera que los sacerdotes que estaban cargando el arca del pacto entraran al río; entonces las aguas del Jordán se partirían. Puedo imaginar a los sacerdotes diciendo: "Josué, eso no es lógico. Nos podemos ahogar en esas aguas oscuras". Llegaron a los márgenes a unos pasos de distancia y no pasó nada. Los pensamientos comenzaron a decirles: *¿Y si no se parten? ¿Y si entramos allí y ya no podemos regresar?* Podrían haberse convencido a sí mismos de zafarse del asunto, pero en lugar de ello se atrevieron a caminar a lo desconocido y en el momento en que sus pies tocaron la orilla de las aguas, el agua río arriba comenzó a acumularse mientras que el agua del otro lado fluyó río abajo. En poco tiempo el lecho del río estaba vacío y pudieron caminar en tierra seca.

Una prueba de fe

*...tan pronto como los pies
de los sacerdotes que portaban
el arca tocaron las aguas,
estas dejaron de fluir...*

Josué 3:15-16

Observe que el milagro sucedió a lo largo del camino. Pensamos: *Dios, cuando partas el río avanzaré.* Dios dice: "Avanza y partiré el río". Dios nos pondrá a propósito en situaciones en las que no podemos hacerlo por nuestra cuenta y parece imposible; eso es una prueba a nuestra fe. Si usted da un paso hacia lo desconocido, a lo largo del camino verá milagros, se abrirán puertas que usted no podía abrir, y las personas adecuadas se presentarán. Les estaba mostrando a ellos y a nosotros este principio: Cuando usted no vea cómo puede funcionar, cuando usted no sabe de dónde provendrán los fondos, cuando cada pensamiento le diga que juegue a la segura, pero usted da ese paso de fe y hace lo que Dios ha puesto en su corazón, usted le está demostrando a Dios que confía en Él. Es ahí cuando los Jordanes se van a dividir en dos.

Supereminente grandeza

Y cuál la supereminente grandeza de su poder para con nosotros los que creemos, según la operación del poder de su fuerza.

Efesios 1:19, RVR1960

Cuando dimos un paso hacia lo desconocido para adquirir el Compaq Center, Dios proveyó un milagro tras otro y ¡obtuvimos el edificio! Una semana después, sin embargo, una empresa presentó una demanda para evitar que nos mudáramos a él. Se nos dijo que podríamos estar atados a las cortes por unos diez años. Cuando el director ejecutivo de la empresa que se nos estaba oponiendo finalmente llegó de fuera de la ciudad, nuestros abogados nos dijeron que era una táctica para confundir las cosas. Pero él dijo: "Joel, yo te veo en la televisión y mi yerno es un pastor de jóvenes. Vamos a resolver esto". Dos días después retiraron la demanda. Cuando usted sale sin saber a dónde va, usted verá los Jordanes dividirse en dos, verá a los Compaq Centers caer en su lugar, usted verá la supereminente grandeza del favor de Dios.

Preparado para el viaje

Pues el Señor Dios de ustedes...ha cuidado cada paso que han dado por este inmenso desierto...y no les ha faltado nada.

Deuteronomio 2:7, NTV

29 DE OCTUBRE

C uando usted está en lo desconocido, cuando usted se está estirando, orando y creyendo, es cuando realmente está creciendo. El viaje es más importante que el destino. ¿Por qué? Porque si usted no está preparado durante la jornada, si no aprende lo que se supone que debe aprender a lo largo del camino, no podrá manejar a dónde Dios lo está llevando. Cuando usted tiene que estrechar su fe, eso fortalece sus músculos espirituales. Dios podría habernos dado el Compaq Center en la primera semana que oramos, o por lo menos en el primer mes. Eso me hubiera ahorrado mucho estrés, mucha oración y mucha fe. ¿Por qué se esperó tres años? Me estaba preparando. Yo estaba aprendiendo a confiar en Él, mi fe estaba siendo incrementada y mi carácter estaba siendo desarrollado.

Con nuestros errores

*Pero algo más me viene a la memoria, lo cual me
llena de esperanza: El gran amor del Señor nunca se
acaba, y su compasión jamás se agota.*

Lamentaciones 3:21-22

Es interesante que, durante los tres años que
estábamos adquiriendo el Compaq Center,
nunca escuché a Dios decir: "Estás haciendo un
buen trabajo, Joel. Todo saldrá bien". Tuve que
creer que Él estaba en control cuando estaba ca-
llado. No sabía si tendríamos éxito, pero di mis
pasos creyendo que estaba haciendo lo que Dios
quería que hiciéramos.

Este es el asunto: incluso si usted comete
un error, Dios sabe cómo usarlo para su bien.
Dios preferiría que usted diera un paso de fe y
se equivocara de vez en cuando que jugar a la segura todo el tiempo y nunca cometer un error.
Algunas veces los errores, las puertas cerradas
y los tiempos en los que nos equivocamos son
parte del plan de Dios. Nos están preparando
para la siguiente puerta abierta.

Llamado por Dios

En cualquier caso, cada uno debe vivir conforme a la condición que el Señor le asignó y a la cual Dios lo ha llamado.

1 Corintios 7:17

Cuando mi padre partió con el Señor, mi hermano Paul sintió que Dios lo estaba dirigiendo a dejar su práctica de medicina para venir a ayudarnos a pastorear la iglesia, pero no era lógico en su mente. En lo natural parecía como si estuviera cometiendo un error, pero como Abraham, Paul continuó, sin saber cómo iba a resultar. Todo lo que sabía era ese primer paso: "Ve y ayuda a tu familia".

Lo que Paul no sabía era cómo iba a crecer el ministerio o que Dios abriría la puerta para que hiciera misiones médicas, cuando pensó que estaba dejando la medicina por completo. Lo que no podía ver era que todo formaba parte del plan de Dios. Si no hubiera dado el paso a lo desconocido, no habría alcanzado la plenitud de su destino.

Un momento como este

¡Quién sabe si no has llegado al trono precisamente para un momento como este!

Ester 4:14

Cuando Dios le pidió a una joven judía llamada Ester que diera un paso hacia lo desconocido, significaba poner su vida en la brecha por su gente. En respuesta a sus preguntas de "y si", su tío Mardoqueo le dijo: "¿Quién sabe si no has llegado al trono precisamente para un momento como este?". Dios estaba diciendo: "Ester, si no lo haces, yo voy a encontrar a alguien más. Pero el problema es que tú vas a perder tu destino". Esta oportunidad era ahora o nunca. Amo lo que hizo Ester. Se levantó y dijo: "Entraré a ver al rey. Si tengo que morir, moriré. No voy a dejar que pase este momento". Ella tomó el desafío, y Dios no solamente le dio favor con el rey, sino que salvó a su pueblo y se convirtió en una de las heroínas de la fe.

Sea valiente

Sé fuerte y valiente y haz el trabajo. No tengas miedo ni te desanimes, porque el Señor Dios, mi Dios, está contigo.

1 Crónicas 28:20

Como Ester en la lectura de ayer, todos tenemos oportunidades que no se van a repetir. Cuando mi padre falleció y yo tuve que tomar la decisión de dar un paso al frente o jugar a lo seguro, ese fue uno de esos momentos de "ahora o nunca". Cuando se crucen en su camino, no deje que el temor lo convenza de no hacerlo o que los "y si" lo mantengan en su barca. Haga lo que hizo Ester. Sea atrevido y valiente y dé un paso hacia lo desconocido. Puede que no tenga todos los detalles y es probable que no vea cómo resultará, pero a lo largo del camino, a través de la oscuridad, usted verá milagros. Si usted hace esto, entrará en un nuevo nivel de favor, un nuevo nivel de influencia, un nuevo nivel de unción. Usted se elevará más alto, logrará sus sueños y alcanzará la plenitud de su destino.

3 de noviembre

Después de la tormenta

*...vuestro Padre que está en los cielos...que hace
llover sobre justos e injustos.*

Mateo 5:45, RVR1960

No importa qué tan buena persona sea, habrá
un poco de lluvia en su vida. Ser una persona
de fe no lo libera de dificultades. Jesús contó una
parábola acerca de un hombre sabio que construyó su casa sobre una roca. Este hombre honró
a Dios. Otro hombre tontamente construyó su
casa sobre la arena. No honró a Dios. Descendió la lluvia, y vinieron ríos, y soplaron vientos,
y golpearon contra aquellas casas. Lo interesante
es que la misma tormenta golpeó a las dos personas, al justo y al injusto. Después de la tormenta,
la casa construida sobre la roca seguía en pie. La
casa construida sobre la arena colapsó y quedó
completamente arruinada. La diferencia es que
cuando usted honra a Dios, las tormentas pueden venir, pero cuando todo termine, usted todavía estará de pie.

4 de noviembre

Construida sobre la roca

Por tanto, todo el que me oye estas palabras y las pone en práctica es como un hombre prudente que construyó su casa sobre la roca.

Mateo 7:24

Es cierto que la lluvia cae sobre el justo y el injusto. Si la historia terminara allí, usted pensaría que no hace una diferencia si honramos a Dios o no. "A mí me sucede lo mismo que a los demás". Pero ese no es el final de la historia. Jesús continuó diciendo que cuando la tormenta terminó, la casa construida sobre la roca seguía en pie.

Puede ser derribado, sufrir un revés, y pasar por momentos difíciles, tormentosos, pero no se desaliente o amargue, eso es solo parte de la vida. Llueve sobre todos. Si usted mantiene la fe, tendrá la promesa de Dios de que cuando el humo se despeje, cuando el polvo se asiente, usted no será la víctima, será el vencedor. Aún estará en pie.

Sigue en pie

5

Pónganse toda la armadura de Dios para que puedan hacer frente a las artimañas del diablo.

Efesios 6:11

Todos nosotros podemos mirar hacia atrás y ver cosas que nos deberían haber derrotado. Quizá haya pasado por un divorcio o un rompimiento que podría haberle provocado un colapso nervioso, pero mírese, sigue en pie, sigue feliz, restaurado e intacto. Ha pasado por situaciones difíciles, lugares oscuros, pero también ha visto la bondad de Dios. Usted lo ha visto levantarlo, restaurarlo, sanarlo y protegerlo. Esa es la bondad de Dios. Cuando usted tiene esta historia con Dios y recuerda lo que Él ha hecho, usted no se desanima por cada dificultad, no se molesta cuando las personas hablan negativamente de usted y no se derrumbará cuando tiene una decepción. Usted sabe que Dios lo hizo atravesar la oscuridad en el pasado y le dará la victoria en el futuro.

*El Señor mismo marchará
al frente de ti y estará
contigo; nunca te dejará ni
te abandonará.*

Deuteronomio 31:8

Como un año después de que tomé la iglesia de mi padre, escuché que una pareja que habían sido miembros de la iglesia durante muchos años se iba de la iglesia. No les gustaba la dirección en la que la estaba llevando. Yo estaba haciendo mi mejor esfuerzo, y lo último que quería era perder miembros. Me sentí tentado a entristecerme y desanimarme, pero entonces algo se levantó en mí. Pensé para mí mismo: *Pude salir vencedor en la muerte de mi padre. Pasé por mi hora más oscura y aquí estoy, todavía en pie. Si pude superar eso, puedo seguir adelante sin que esa pareja esté aquí.* Escuché a Dios decir directamente a mi corazón: "Joel, no te preocupes. Ellos pueden irse, pero yo no me voy a ir. Cuando todo termine, seguirás en pie".

Vuelva a levantarse

Los justos podrán tropezar siete veces, pero volverán a levantarse.

Proverbios 24:16, NTV

Si está atravesando por un tiempo difícil, necesita mirar hacia atrás y recordar lo que Dios ha hecho. Abrió un camino cuando usted no veía un camino y abrió puertas que usted no podría haber abierto jamás. Él lo puso en el lugar correcto en el momento adecuado. Él lo reivindicó y lo restauró. Lo hizo por usted en el pasado y lo hará por usted de nuevo. Su casa está construida sobre la roca. Usted tiene la promesa de que no importa lo que venga a su camino, cuando la tormenta termine, usted seguirá en pie. Usted tiene el ADN del Dios Todopoderoso. Probablemente lo derriben, pero no se quedará en el piso. Hay algo en su ADN que dice: "Levántate de nuevo. Ese no es tu lugar. Tú eres un hijo del Dios Altísimo".

Rebote

Confortará mi alma.

Salmos 23:3, RVR1960

Durante el huracán en Houston en el 2008, árboles grandes y pequeños, cedros, pinos, olmos y magnolias, ninguno de ellos podía soportar los vientos huracanados. Solamente hubo un tipo de árbol que observé que no se doblegaba: la palmera. Es porque Dios diseñó a la palmera para resistir las tormentas. Contrario a la mayoría de los otros árboles, la palmera puede doblarse para no tener que quebrarse. Cuando los vientos dejan de soplar, la palmera se levanta de nuevo como estaba antes. ¿Por qué es eso? Dios puso un "rebote" en la palmera.

Usted puede atravesar por un periodo oscuro, pero no se desanime. En algún momento los vientos van a parar y así como la palmera, el rebote puesto en usted por su Creador hará que se enderece.

Como la palmera

El justo florecerá como la palmera...

Salmos 92:12

La escritura de hoy podría haber dicho que floreceríamos como un cedro fuerte o un pino alto. La razón por la que Dios dijo que floreceríamos como la palmera es que Dios sabía que pasaríamos por momentos difíciles. Él sabía que habría cosas que tratarían de derribarnos y evitar que cumpliéramos nuestro destino, así que dijo: "Los voy a hacer como palmeras. Voy a ponerles "rebote" en su espíritu". Quizá pase por un periodo oscuro de soledad, de pérdida o de decepción. La lluvia vendrá, pero no crea las mentiras de que es permanente. No crea que nunca se recuperará, nunca vencerá la adicción o que nunca saldrá de la situación legal. No, es probable que se encuentre doblado en este momento, quizá tenga dificultades, pero cuando la tormenta pase, usted estará todavía en pie.

Fortalecido

"Yo mismo los fortaleceré, y ellos caminarán en mi nombre", afirma el Señor.

Zacarías 10:12

Lo interesante es que cuando la palmera está doblada durante el huracán uno podría pensar que está dañando al árbol y debilitándolo, pero las investigaciones muestran justo lo opuesto. Cuando está siendo empujada y estirada por los fuertes vientos, eso está fortaleciendo el sistema de raíces y dándole nuevas oportunidades de crecimiento. Después de la tormenta, cuando la palmera se endereza, de hecho, está más fuerte que antes. Cuando usted salga de la tormenta, cuando se enderece, usted no seguirá siendo el mismo. Usted estará más fuerte, más saludable, más sabio, mejor y listo para un nuevo crecimiento. Dios nunca lo saca igual que como entró. Hace que el enemigo pague por traer los tiempos de oscuridad y tribulación. Usted no solamente seguirá en pie; estará en pie más fuerte.

Nuestra fortaleza

Jehová es la fortaleza de mi vida; ¿de quién he de atemorizarme?

Salmos 27:1

Tengo un amigo que ha tenido cáncer tres veces a lo largo de los últimos diez años. Cada vez que parece como que todo ha terminado, pero como esa palmera doblada, de alguna manera se recuperaba nuevamente. Sabe que Dios cumplirá con el número de sus días. Cuando los médicos le dijeron que iban a cosechar sus leucocitos en dos meses para ayudarle a restaurar su sistema inmunológico después de la quimioterapia, le dijeron el número de células que necesitaba. Él les dijo: "Les daré el doble de lo que necesitan". Todos los días le agradeció a Dios por estar mejorando y salía a hacer ejercicio e hizo todo lo que pudo. Dos meses después, regresó al hospital y los médicos le dijeron: "Usted nos dio más del doble de la cantidad de leucocitos que esperábamos". Hoy está libre de cáncer, habiéndolo vencido por tercera vez.

*Si anduviere yo en medio de la
angustia, tú me vivificarás...*

Salmos 138:7, RVR1960

Como la palmera, no importa cuán fuerte los
vientos soplen en su vida, usted no puede
ser desarraigado, no puede ser derribado, no
puede ser quebrado. La enfermedad no determina su destino; Dios lo hace. Él es el que sopló
vida en usted. Si no es su tiempo de partir, no se
irá. Dios tiene la última palabra y Él dijo: "Ningún arma forjada contra ti prosperará". Él dijo:
"El justo puede caerse siete veces, pero el Señor
lo levantará". Ese es el rebote.

Ahora, usted tiene que estar en acuerdo
con Dios. Él dijo: "Muchas son las aflicciones
del justo, pero de todas los librará el Señor". La
buena noticia es, porque usted es el justo, usted
rebotará en su interior.

13 de noviembre

Mantenga la fe

He peleado la buena batalla, he acabado la carrera,
he guardado la fe.

2 Timoteo 4:7

Es fácil tener una mentalidad débil, derrotada que dice: "¿Por qué me sucedió esto a mí? No lo entiendo". Sucedió porque usted está vivo; es parte de la vida. Llueve sobre todos nosotros. Su actitud debe ser que no importa cuán fuerte soplen los vientos, no pueden derrotarlo. Si usted permanece en fe, podrá decir: "La enfermedad me derribó, pero me volví a levantar. Pasé por una temporada floja en el trabajo, tuve algunos contratiempos, pero no me derrotaron. Salí promovido y más fuerte. Todavía estoy en pie". Podrá decir: "Alguien me abandonó y me causó dolor. Nunca pensé que volvería a ser feliz, pero mira lo que el Señor ha hecho. Él trajo a alguien mejor a mi vida".

14 de noviembre

Rescatado

Todo esto demuestra que el Señor sabe librar de la prueba a los que viven como Dios quiere…

2 Pedro 2:9

Conocí una pareja joven que se había mudado de Nueva Orleans para Houston luego de perder *todo* durante el huracán Katrina. Cuando los vi por primera vez parecía que estaban entumecidos. Todo su mundo se había derrumbado. Les dije lo que le estoy diciendo a usted. "Probablemente estén decaídos ahora, ustedes tienen rebote en su espíritu. Cuando todo termine, ustedes seguirán en pie, más fuertes, más saludables y mejores". Semana tras semana siguieron viniendo a Lakewood, escuchando acerca de cómo lo que fue pensado para nuestro mal Dios lo usará para nuestra ventaja. Un par de años después, trajeron fotografías de la hermosa casa nueva que acababan de comprar. El hombre me contó cómo ahora tenía un mejor empleo con mejores beneficios. Sus hijos estaban en mejores escuelas. Quizá pase por algunas tormentas, pero hay rebote en su ADN.

La ayuda viene de camino

...porque vendrá el enemigo como río, mas el Espíritu de Jehová levantará bandera contra él.

Isaías 59:19, RVR1960

Usted podría sentirse abrumado; perdió su casa en un huracán, recibió un mal informe médico, una relación se echó a perder, alguien le hizo trampa en un negocio. ¿Qué hace Dios cuando el enemigo viene en esta manera? ¿Se cruza de brazos y dice: "Qué pena. Te dije que iba a llover. Te dije que iban a haber dificultades"? No, la escritura dice: "...porque vendrá el enemigo como río, mas el Espíritu de Jehová levantará bandera contra él". En otras palabras, las dificultades, las injusticias y las enfermedades obtienen la atención de Dios. Él comienza a trabajar como nosotros los padres cuando vemos a un hijo en problemas, probablemente porque alguien lo está maltratando. Al igual que nosotros, Él no lo piensa dos veces con respecto a dejar de hacer lo que está haciendo y acudir en nuestra ayuda.

Nuestro defensor

Pero el Señor está conmigo como un guerrero poderoso; por eso los que me persiguen caerán y no podrán prevalecer...

Jeremías 20:11

Cuando nuestro hijo, Jonathan, tenía dos años, estábamos en una tienda de comestibles. Mientras estaba buscando algo, él comenzó a sacar algunas cajas de cereal del estante de abajo. No era gran cosa. Yo iba a ponerlas de vuelta a su lugar. Pero una señora que trabajaba allí dio vuelta en la esquina y casi gritando dijo con un tono airado: "Jovencito, ¡usted no puede sacar las cajas del estante!". Cuando escuché eso, algo se alteró dentro de mí. Yo soy amable, pero si alguien se mete con mis hijos, me convierto en el Increíble Hulk.

Así es Dios. Cuando el enemigo viene como un río caudaloso, Dios da un paso y dice: "¡Un momento! Ese es mi hijo. Si te vas a meter con él, primero tienes que vértelas conmigo".

Como un campeón

El Señor marchará como guerrero; como hombre de guerra despertará su celo.

Isaías 42:13

En los momentos difíciles y oscuros, usted tiene que caer en cuenta que usted no está solo. El Dios Altísimo está peleando por usted. Él es su retaguardia. Le dio la victoria en el pasado y le dará la victoria en el futuro. Dios mira a sus enemigos y dice: "¿Quieres un poco de esto? ¡Anda, hazme mi día!".

Ahora, usted tiene que hacer de su parte y renovar su pasión. No puede sentarse por ahí en autocompasión y pensar en lo que perdió, en quién lo lastimó y lo injusto que fue todo ello. Eso lo mantendrá derribado. Sacúdase de esa mentalidad débil, derrotada: *¿Por qué me sucedió esto?* Un guerrero no se queja de la oposición; un guerrero ama una buena lucha. Lo emociona.

De entre las cenizas

Pero David encontró fuerzas en el Señor su Dios.

1 Samuel 30:6, NTV

Cuando David y sus seiscientos hombres regresaron y encontraron sus casas quemadas, sus pertenencias robadas y que se habían llevado cautivos todas las mujeres y los niños, se sentaron entre las cenizas y lloraron hasta que no pudieron llorar más. Fue la derrota más grande de David. Estaba profundamente angustiado y comenzaron a hablar de apedrearlo. Parecía que todo había acabado y hubiera sido así si no fuera por David. En lugar de permanecer entre las cenizas, se recordó a sí mismo quién era y a Quién pertenecía. Les dijo a sus hombres: "Vamos a buscar lo que nos pertenece". Salieron y derrotaron a sus enemigos y recuperaron sus pertenencias como también a sus mujeres y a sus niños. La derrota más grande de David se tornó en su más grande victoria.

Poderoso guerrero

¡Guerrero valiente, el Señor está contigo!

Jueces 6:12

Todos enfrentamos situaciones injustas. Quizá nos encontramos en lugares oscuros, como el que David experimentó en la lectura de ayer, que parecen que nos van a sepultar. Pero si tiene esta mentalidad de guerrero, aviva su fe y va tras lo que le pertenece, usted será el que se ría al final, no el enemigo. Probablemente el adversario le dé su mejor golpe, pero su mejor golpe nunca será suficiente. Usted tiene un rebote en su espíritu. Las fuerzas que están a su favor son mayores que las que están a su contra. Como David, usted puede estar abatido por un tiempo y puede que lo azoten las lluvias y vengan inundaciones, pero porque su casa está construida sobre la roca, porque usted tiene esa mentalidad de guerrero, al final, usted estará todavía en pie.

Porque nuestra lucha no es contra seres humanos,
sino contra poderes, contra autoridades, contra
potestades que dominan este mundo de tinieblas…

Efesios 6:12

Una vez estaba en la casa levantando pesas acostado en una banca haciendo ejercicios de pecho. Conforme a mis estándares, le había puesto mucho peso a la barra. Estaba haciendo mi último conjunto de cinco repeticiones cuando no pude hacer el levantamiento final, y las barras de seguridad estaban fuera de lugar. Ahora tenía todo ese peso en mi pecho y estaba totalmente agotado. El peso me estaba aplastando y terminé empujando el lado derecho con toda mi fuerza y deslizándome más o menos como una pulgada a la vez hasta que pude dejarme caer de la banca.

Mi punto es que cuando usted está en un momento difícil, o deja que la situación lo aplaste o puede empujarse, deslizarse, retorcerse, estirarse, menearse, obtener un segundo aire ¡y vencerla!

21

Fuerza para la batalla

Tú me armaste de valor para el combate.

Salmos 18:39

He descubierto que entre más difícil sea la batalla, más fuerza usted tendrá. Su fuerza siempre coincidirá con lo que enfrenta. Pensando en la lectura de ayer, cuando pienso en cómo salí de debajo de esa pesada barra, no sé cómo lo logré. Había agotado toda mi fuerza tratando de terminar la quinta repetición. Podría haber dicho: "Dios, quítame esto de encima. Me va a matar". Dios dijo: "Empuja otra vez y ve qué pasará". Empujé y descubrí fuerza que no sabía que tenía. ¿Está usted permitiendo que algo lo derrote porque no pensó tener la fuerza para resistir, la fuerza para vencer, la fuerza para tratar con esa enfermedad o esa dificultad financiera? Si tiene un espíritu de guerrero, y comienza a hacer lo que puede, Dios lo ayudará con lo que no pueda.

El poder de resurrección

Y, si el Espíritu de aquel que levantó a Jesús de entre los muertos vive en ustedes… también dará vida a sus cuerpos mortales por medio de su Espíritu…

Romanos 8:11

Vi una historia en la televisión acerca de un hombre que se acercó a un automóvil que se estrelló en la autopista. Había una persona atrapada dentro y el automóvil estaba en llamas. El hombre, como de mi estatura, tomó la parte superior de la puerta y la arrancó para que la persona atrapada pudiera salir. Publicaron una fotografía del marco de acero como si un superhéroe la hubiera doblado. Le preguntaron al hombre cómo lo había hecho. Él dijo: "No lo sé. Simplemente tiré tan duro como pude".

Cuando usted hace lo que tiene que hacer, descubrirá fuerza que no sabía que tenía. Usted no es débil ni está derrotado; usted es un guerrero. Usted tiene poder de resurrección en su interior.

Con gran gozo

Y a aquel que es poderoso para guardaros sin caída,
y presentaros sin mancha delante de su
gloria con gran alegría…

Judas 24

Quizá se encuentre abatido en este momento, esos vientos están soplando, pero como la palmera doblada, usted está a punto de enderezarse, mejor, más fuerte, más saludable y promovido. Este es un nuevo día. Las cosas están cambiando a su favor. Dios lo ha hecho en el pasado, y lo hará en el futuro. Usted necesita prepararse, viene un rebote. Usted se recuperará de la enfermedad, de la depresión, de las malas decisiones, de la pérdida. Esos vientos no lo pueden desarraigar o derribarlo. El enemigo no tiene la última palabra; Dios sí. Él dice que como su casa está construida sobre la roca, cuando todo termine, cuando pase la oscura tormenta y los ríos y los vientos amainen, usted seguirá en pie, ¡no como víctima, sino como vencedor!

24 de noviembre

Recuerde su sueño

Alaba, alma mía, al Señor, y no olvides ninguno de sus beneficios. Él perdona todos tus pecados y sana todas tus dolencias.

Salmos 103:2-3

Todos tenemos cosas que estamos creyendo recibir. En lo profundo sabemos que son parte de nuestro destino, pero entonces encontramos algunos contratiempos. La vida tiene cierta manera de derribar nuestros sueños. Pueden quedar enterrados bajo el desánimo, errores pasados, rechazo, el divorcio, el fracaso y las voces negativas. Es fácil conformarse con la mediocridad cuando todos tenemos este potencial enterrado dentro de nosotros. Pero solo porque usted se haya rendido no significa que Dios se haya rendido. Su sueño puede estar enterrado en un lugar oscuro, pero las buenas noticias son que todavía está vivo. No es demasiado tarde para verlo suceder. En lugar de recordar las heridas, los fracasos y lo que no funcionó, la clave para alcanzar su destino es recordar su sueño. Recuerde lo que Dios le prometió. Recuerde lo que le susurró en medio de la noche.

De repente

25

Deléitate en el Señor, y él te concederá los deseos de tu corazón.

Salmos 37:4

Quizá no le haya dicho a nadie de sus sueños. Pueden parecer imposibles. Las voces le dicen que no sucederá. Usted las ha suprimido, pero Dios está diciendo: "Todavía haré lo que te prometí. Lo hablé y lo puse en tu corazón. Quizá no haya sucedido todavía, pero viene de camino". Si usted comienza a creer nuevamente, a recuperar su pasión, a avivar su fe, Dios resucitará lo que usted pensó que estaba muerto. Quizá lo haya intentado y haya fallado, y eso fue hace mucho tiempo, pero los sueños a los que usted ha renunciado de pronto resucitarán. Los problemas que parecían permanentes, repentinamente cambiarán. Lo que debería haber tomado años en ser restaurado, Dios lo hará en una fracción del tiempo. Él tiene la última palabra. No ha cambiado de opinión.

No es muy tarde

*La mano del Señor no es
corta para salvar, ni es sordo
su oído para oír.*

Isaías 59:1

Probablemente no entienda por qué sucedió algo. Usted estaba haciendo lo correcto, pero sucedió lo malo. Todo es parte del proceso. Cada situación injusta, cada demora y cada puerta cerrada no es un contratiempo; es una preparación para que Dios lo lleve a dónde Él quiere que usted esté. Quizá esté tomando mucho tiempo, pero todo lo que hace falta es un toque del favor de Dios.

¿Por qué está recordando la herida, y las veces que no funcionó? Voltéelo y comience a recordar su sueño. ¿Qué es lo que Dios ha puesto en su corazón? ¿De qué solía estar emocionado? ¿Por qué piensa que es demasiado tarde, demasiado grande, que no es posible? Recupere su pasión. Usted no tiene escasez, ni se le ha dado menos de lo debido.

Todo lo que necesita

Teniendo diferentes dones, según la gracia que nos es dada...úsese conforme a la medida de la fe.

Romanos 12:6

C uando Dios sopló su vida en usted, Él puso en usted todo lo que necesita para cumplir su destino. El Dios Altísimo está de su lado. Usted tiene sangre real fluyendo por sus venas. Hay sueños en usted tan grandes, que usted no puede cumplirlos por su cuenta. Esto requerirá que se conecte con su Creador, sabiendo que Dios está dirigiendo sus pasos. Pero usted tiene que avivar su don. Al enemigo le encantaría que usted mantuviera su sueño enterrado y quiere convencerlo de que nunca sucederá, que es demasiado tarde. No crea esas mentiras. Todavía puede convertirse en todo lo que fue creado para ser. Cada vez que usted recuerda su sueño, cada vez que dice: "Señor, gracias por hacerlo suceder", está removiendo un poco de tierra. Usted lo está desenterrando.

Palabras de fe

...diga el débil:
Fuerte soy.

Joel 3:10, RVR1960

Probablemente haya estado tratando con una enfermedad durante mucho tiempo. Al inicio usted creyó que se recuperaría, pero ahora ha aprendido a vivir con ello. Lo que sucedió es que su sanidad, su avance, su libertad, ha quedado enterrado. Siguen en usted; siguen vivos. Pero cuando usted está pensando: *Nunca sucederá. He recibido tantos reportes negativos,* lo está enterrando más profundamente. ¿Por qué no saca su pala y comienza a remover la tierra? ¿Cómo se hace eso? Diga: "Señor, gracias que estás restaurando mi salud. Gracias porque soy libre de esta adicción, libre de esta depresión". Si usted sigue hablando así, el sueño que había estado enterrado volverá a la vida. Eso es lo que le permite a Dios hacer grandes cosas. Él es movido por nuestra fe, no por nuestras dudas, por nuestro desánimo o por nuestras quejas.

Tráigalo a la vida

"El hombre bueno, del buen tesoro del corazón saca buenas cosas…".

Mateo 12:35, RVR1960

Mientras esté recordando la herida, se atascará. "Pero Joel, nunca conoceré a la persona adecuada. He sido herido demasiadas veces". Usted está recordando lo equivocado. Comience a recordar el sueño. "Señor tú dijiste que traerías a la persona perfecta a mi vida, alguien mejor de lo que nunca haya imaginado". Deje de decir: "Nunca voy a lograr mi meta. Nunca voy a lograr esta promoción. No tengo el talento. Lo he intentado, pero siempre me dejan de lado". Eso es enterrar el sueño, es echarle más tierra por encima. Usted necesita buscar una pala y comenzar a excavar ese sueño. Es posible que haya estado haciendo esto por tanto tiempo, que necesite una excavadora. Necesita algún equipo pesado porque está profundamente enterrado en la oscuridad. Usted puede excavarlo y traerlo a la vida.

Despierte

«¡Despierta, despierta, Débora! ¡Despierta, despierta,
y entona una canción! ¡Levántate, Barac! Lleva
cautivos a tus prisioneros...»

Jueces 5:12

Cualquier sueño que Dios haya puesto en usted, no importa cuánto tiempo atrás, sin importar lo imposible que parezca, le estoy pidiendo que lo avive. Comienza en su forma de pensar, en lo que está creyendo y en lo que dice. No más: "Nunca sucederá". No, tiene que decir: "Estoy rodeado del favor de Dios. Las bendiciones me persiguen, porque me deleito en el Señor. Él me dará los deseos de mi corazón". Póngase de acuerdo con Dios. Él es el dador de todos los sueños. Él es quien puso ese deseo en usted. Quizá necesite estar a solas, en silencio y buscar en su corazón. Dígale: "Dios, cualquier cosa que yo haya enterrado, cualquier cosa a la que haya renunciado, muéstrame qué es. Dios, no me permitas morir con sueños todavía enterrados".

Subamos de inmediato

Subamos luego, y tomemos posesión de ella; porque más podremos nosotros que ellos.

Números 13:30, RVR1960

Dios puso un sueño en el corazón de Caleb de llevar el pueblo de Israel a la Tierra Prometida de inmediato, pero su sueño fue enterrado porque las otras personas creyeron un reporte negativo. Los israelitas acamparon cerca de la Tierra Prometida, pero caminaron en círculos y ese grupo de personas nunca entraron. Puedo imaginar a Caleb decepcionado. Sabía que estaban supuestos a entrar. Dios puso ese sueño en su corazón, pero no sucedió. Parecía como si las otras personas lo hubieran detenido de llegar a su destino. La mayoría de la gente se habría rendido y se habrían conformado donde estaban, pero no Caleb. La verdadera marca de un campeón es que a pesar de que se le eche un poco de tierra a un sueño, siguen buscando nuevas maneras para avanzar, creyendo que vendrán nuevas oportunidades.

Conquiste ese monte

Dame, pues, la región montañosa que el Señor me prometió en esa ocasión.

Josué 14:12

Cuarenta años después que Dios le dio a Caleb el sueño de entrar a la Tierra Prometida, cuando tenía ochenta y cinco años, todavía podía sentir este sueño agitándose en su interior. No estaba sentado por ahí sintiendo pena por sí mismo diciendo: "Realmente lo intenté. Si solo esas otras personas hubieran hecho lo correcto. A los ochenta y cinco, Caleb volvió a ese mismo monte donde los otros se habían rehusado a ir, y dijo: "Dame, pues, ahora este monte". Lo significativo es que había tres gigantes viviendo en ese monte; tres Goliats. Puedo escuchar a un amigo decir: "Vamos, Caleb, tienes ochenta y cinco años. Mira, toma este monte fácil en lugar de ese". Él habría dicho: "No, gracias. No me voy a conformar con la mediocridad cuando Dios ha puesto grandeza en mí. Quiero ese monte". Él fue y conquistó el monte que Dios le había prometido. El sueño se cumplió.

3 de diciembre

El destino lo llama

Que te conceda lo que tu corazón desea; que haga
que se cumplan todos tus planes.

Salmos 20:4

¿Alguna vez ha permitido que algún sueño quede enterrado en usted? En un momento usted pensó que podría hacer algo grande, pero eso fue hace mucho tiempo. Usted pasó por algunos malos momentos que no fueron culpa suya. Usted tiene una buena excusa para conformarse; nadie lo culparía si lo hiciera. Pero Dios me envió a encender un fuego dentro de usted. Ese sueño todavía está vivo. Probablemente haya tratado de hacerlo suceder hace un año o hace cinco años o hace cuarenta años, pero no funcionó. Dios le está diciendo: "Ve y vuelve a intentarlo. Este es tu tiempo. Este es tu momento. Tu destino te está llamando". No puede tener un espíritu que se rinda y tome la salida fácil. No se conforme con menos que su sueño y no se rehúse a entrar en la pelea. ¡Su destino está en riesgo!

4 de diciembre

· · · · · · · · · · ·

El deseo de su corazón

Le has concedido lo que su corazón desea; no le has negado lo que sus labios piden.

Salmos 21:2

Leí acerca de niñito que creció con un deseo de ser escritor, pero fue criado en un hogar muy disfuncional. A los quince años abandonó la escuela sin haber aprendido a leer o escribir. Comenzó a beber, y durante treinta y cinco años fue todo lo que hizo. Pero un día les dijo a sus amigos que nunca más iba a tomar otro trago de alcohol, y ese día fue liberado. A los cincuenta y un años, volvió a la escuela y aprendió a leer y escribir, y obtuvo su diploma. Entonces comenzó a escribir poesía. Era un escritor talentoso y elocuente. Ese sueño había quedado enterrado en lo profundo debajo de la disfunción y las adicciones, pero seguía vivo. A los setenta y cinco años, él continúa escribiendo e inspirando a la gente, haciéndoles saber que nunca es demasiado tarde para cumplir sus sueños.

Como un fuego

5

Si digo: «No me acordaré más de él, ni hablaré más en su nombre», entonces su palabra en mi interior se vuelve un fuego ardiente que me cala hasta los huesos.

Jeremías 20:9

L o que usted quería hacer al principio de su vida no desapareció porque no funcionara. Cuando el profeta Jeremías estaba tan desanimado por estar siendo perseguido y ridiculizado por hablar la Palabra de Dios, uno habría pensado que renunciaría, pero de momento dijo: "Su palabra es como un fuego ardiente que cala hasta mis huesos". Yo creo que hay algunos sueños encerrados en usted que son como un fuego. Usted trató de alejarse de ello cuando no funcionó la primera vez, pero este es un nuevo día. Quizá haya perdido algunas oportunidades, pero Dios conoce cómo compensar el tiempo perdido. Él dice: "Les compensaré a ustedes por los años" (Joel 2:25). Quizá perdió años, pero Dios todavía puede llevarlo a donde está supuesto a estar.

Mantenga su sueño

Se dijeron unos a otros:
—Ahí viene ese soñador.

Génesis 37:19

Algunas personas no pueden manejar y no celebrarán lo que Dios ha puesto en usted. Por ejemplo, Dios le dio a José un sueño, pero sus hermanos estaban celosos de él e iban a matarlo. Cuando se acercó, uno de ellos dijo sarcásticamente: "¡Aquí viene el soñador!". En el pasado los hermanos habían estado molestos porque José era el hijo favorito de su padre, pero ahora estaban mucho más molestos por el sueño que había tenido. Ellos estaban ofendidos porque él estaba determinado a hacer algo más grande de lo que ellos habían hecho, a dejar su marca. Habrían estado contentos si él se hubiera conformado con ser promedio y con aceptar el *statu quo*. Pero cuando usted aviva lo que Dios ha puesto en usted, cuando usted cree que usted tiene semillas de grandeza, déjeme advertirle que no todos lo van a celebrar.

No es su batalla

Esto dice el Señor: "¡No tengan miedo! No se desalienten por este poderoso ejército, porque la batalla no es de ustedes sino de Dios".

2 Crónicas 20:15

7 DE DICIEMBRE

Cuando usted tiene un sueño, habrá algunos detractores. Cuando usted cree que puede liquidar la deuda de su casa, comenzar un negocio o ser exitoso a pesar de errores pasados, algunas personas se van a poner celosas y tratarán de hacerlo lucir mal o tratarán de convencerlo de que no lo haga. "¿De verdad crees que vas a obtener ese ascenso? No tienes la experiencia"; "¿En realidad crees que vas a conocer a la persona indicada? No funcionó las últimas tres veces que lo intentaste". Que eso le entre por un oído y le salga por el otro. Los críticos, los fatalistas y los que odian, no controlan su destino. Dios sí. No pueden detenerlo de realizar sus sueños. Quizá hagan algo que lo ponga en desventaja, pero Dios sabe cómo tomar lo que se estaba pensado para su mal y utilizarlo para promoverlo.

Déjelos ir

*Si alguno viene a mí,
y no aborrece a su padre, y
madre, y mujer, e hijos,
y hermanos, y hermanas, y
aun también su propia vida,
no puede ser mi discípulo.*

Lucas 14:26

8 DE DICIEMBRE

Los propios hermanos de José trataron de destruir su sueño. Digo esto respetuosamente, pero a veces sus familiares no lo van a celebrar. A veces las personas más cercanas a usted serán las que menos lo apoyen. Esta es la clave: No se distraiga peleando batallas que no importan, tratando de probarles quién es usted, o que crean en usted. No necesita su aprobación. Usted tiene la aprobación del Dios Todopoderoso. Déjelos ir. Lo que les molesta a ellos es que usted está yendo en pos de su destino. Quieren que mantenga su sueño enterrado en un lugar oscuro, para que usted no se levante más alto y los haga ver mal. Las personas exitosas, aquellos que tienen y han perseguido su sueño, no desperdician su tiempo viendo lo que los demás hacen. Están demasiado ocupadas enfocándose en lo que Dios ha puesto en su corazón.

Enfóquese en su meta

«Estoy ocupado en una gran tarea, así que no puedo ir. ¿Por qué habría de dejar el trabajo para ir a encontrarme con ustedes?».

Nehemías 6:3, NTV

El enemigo toma como objetivos a las personas que tienen un sueño, los que saben que nada es imposible porque ellos creen. Él usará la oposición, las demoras, el desánimo, los celos y todo lo demás que pueda para tratar de convencerlo de enterrar ese sueño. Si usted desea alcanzar su máximo potencial, tiene que decidirse a estar en ello por un tiempo largo. No permita que las personas lo convenzan de abandonarlo. Usted no permitirá que las circunstancias lo desalienten, que las demoras lo lleven a rendirse o que los críticos lo distraigan. Usted permanecerá enfocado en su meta. Esta es la clave: no tendría esa oposición si no tuviera algo grande en usted. Si ese sueño no estuviera vivo y en camino a cumplirse, usted no tendría tantas cosas viniendo en su contra.

Vida abundante

...yo he venido para que tengan vida, y la tengan en abundancia.

Juan 10:10

Cuando usted es un soñador, usted es peligroso para el enemigo. Él sabe que usted se dirige a nuevos niveles. Él sabe que usted establecerá un nuevo estándar en su familia. Sabe que usted está entrando a la abundancia. Y sabe que no hay nada que pueda hacer para detenerlo. Las fuerzas que están a su favor son mayores que las fuerzas que están en su contra. Pero él trabajará tiempo extra para convencerlo de quedarse donde está. Usted tiene que recordarse este principio: cuando las cosas negativas suceden, no pueden detener su destino; son una señal de que usted está en camino a su destino. Esos contratiempos son parte del proceso. La demora, las personas que le hicieron mal o la ocasión en que no funcionó, son simplemente otro paso en el camino hacia su destino.

Recuerde la promesa

11

En ese momento se acordó José de los sueños que había tenido acerca de ellos…

Génesis 42:9

Cuando los hermanos de José, quienes lo habían vendido como esclavo y le habían causado años de dolor, se presentaron en el palacio en Egipto buscando comprar comida, ellos no se dieron cuenta de que estaban frente a él. Usted pensaría que José estaría amargado y querría venganza. Esta era su oportunidad vengarse y tenía el poder para hacerlo. Pero cuando José vio a sus hermanos, se acordó de su sueño. No se acordó del dolor o la traición. Cuando se inclinaron delante de él, recordó la promesa que Dios le había dado. Todas esas dificultades que había sufrido, todo ese tiempo cuando parecía como si hubiera perdido su destino; todo ese tiempo Dios había estado en control. Fue pensado para su mal, pero Dios lo volteó y lo usó para su bien.

Cumplimiento de la promesa

*Y bienaventurada la que creyó,
porque se cumplirá lo que le
fue dicho de parte del Señor.*

Lucas 1:45, RVR1960

Cuando Dios le da un sueño, cuando pone una promesa en su corazón, no significa que vaya a suceder sin oposición, demoras y adversidades. Usted tendrá muchas oportunidades para desalentarse y frustrarse, pensando que nunca sucederá. En momentos difíciles tiene que recordar su sueño como lo hizo José. Dios no le trajo hasta aquí para dejarlo. Permanezca en fe y mantenga una buena actitud. Deje que Dios sea su reivindicador. "Bueno, Joel, estoy en el pozo. Es un lugar oscuro. No entiendo eso". No se preocupe, porque viene una caravana para llevarlo a su siguiente parada. "Un amigo me mintió". "Pasé por un divorcio". No se amargue. Es simplemente una desviación en el camino a su destino. El palacio ya viene. La promesa sigue en camino.

13 de diciembre

La gloria es permanente

Porque esta leve tribulación momentánea produce en nosotros un cada vez más excelente y eterno peso de gloria.

2 Corintios 4:17, RVR1960

Cuando usted enfrenta oposición y las cosas no salen como usted espera, reconozca que no es permanente. Ese no es su destino final. Deje de preocuparse por cosas que solamente son temporales: la traición, la injusticia, la soledad. Ese no es su hogar permanente. Es una parada temporera. El salmista escribió acerca de pasar "por el Valle de las Lágrimas" (Salmos 84:6, NVI), no de establecerse en el "valle de las Lágrimas", o "estancarse en el valle" o "edificar una casa en el valle". El valle es pasajero; usted está atravesando por él. Ahora mi desafío es dejar de perder el sueño por una parada pasajera. Deje de estar estresado por algo que es solamente por una temporada; no es permanente. La persona correcta, las oportunidades correctas, la sanidad, la reivindicación, la restauración vienen de camino. La aflicción es temporera, pero la gloria es permanente.

14 de diciembre

Manantiales refrescantes

*Cuando anden por el Valle del Llanto, se convertirá
en un lugar de manantiales refrescantes...*

Salmos 84:6, NTV

Usted puede tener un sueño que haya enterrado y hasta renunciado. Necesita sacar su
pala y comenzar a agradecerle a Dios porque se
cumplirá. Avive lo que tiene dentro. Quizá se
encuentre en una desviación en este momento
o esté pasando por algo que no entiende. No se
desanime. Solo está de paso. Es fácil recordar
la herida y la decepción. Le estoy pidiendo que
recuerde el sueño, recuerde la promesa. Si usted
hace esto, creo que los sueños que ha enterrado
volverán a la vida. Las promesas a las que ha
renunciado resucitarán. Su hora viene. Como
lo hizo con José Dios convertirá cada piedra de
tropiezo en un peldaño. Usted se elevará más
alto, logrará sus metas y se convertirá en todo lo
que usted fue creado para ser.

Un fin esperado

Porque yo sé los pensamientos que tengo acerca de vosotros, dice Jehová, pensamientos de paz, y no de mal, para daros el fin que esperáis.

Jeremías 29:11, RVR1960

Una vez le pregunté a un actor bien conocido quien también escribe películas: "¿Cómo sabes dónde empezar?". Él me dijo: "Siempre empiezas con la escena final. Una vez estableces cómo quieres que la película termine, trabajas hacia atrás llenando todos los detalles".

Esto es lo que Dios ha hecho por cada uno de nosotros. El profeta Isaías dijo hablando de parte de Dios: "Yo anuncio el fin desde el principio" (Isaías 46:10, RVR1960). Cuando Dios planificó su vida, comenzó donde Él quería que usted terminara y entonces trabajó hacia atrás. Sus planes para usted son "darle un fin esperado". La buena noticia es que usted termina en victoria, cumpliendo su destino. Usted puede vivir en paz, sabiendo que al final todas las cosas van a cooperar a su favor.

Planificado hace mucho tiempo

Pues somos la obra maestra de Dios. Él nos creó de nuevo en Cristo Jesús, a fin de que hagamos las cosas buenas que preparó para nosotros tiempo atrás.

Efesios 2:10, NTV

Como en una película, habrá giros y vueltas en la historia de su vida. Habrán escenas en su vida que por sí solas no tendrán sentido. Si se detuviera en ese momento en el divorcio, la enfermedad o la pérdida, parecería que las cosas no se resolvieron, como si un sueño hubiera muerto. Quizá se encuentre en una escena difícil en este momento, pero esa no es su escena final y así no es como la historia termina. El Creador del universo, el Dios Altísimo, ya lo planificó para su bien y no para mal. Si usted sigue avanzando, vendrá otro giro, pero esta vez será una buena oportunidad, un ascenso, una restauración, una sanidad. Dios sabe cómo entretejerlo todo. Ya estableció el fin.

Probado por fuego

Para que la prueba de
vuestra fe, más preciosa
que el oro que perece,
aunque probado por fuego,
sea hallada que resulta en
alabanza...

1 Pedro 1:7, LBLA

D ios destinó a José para que se convirtiera en gobernante en Egipto de modo que pudiera ayudar a su familia y al mundo en una época de hambruna generalizada. Ese fue el fin. Fue establecido. José comenzó bien, pero su historia tomó varios giros inusualmente oscuros, desde ser vendido como esclavo hasta ser encarcelado por algo que no había hecho. Él podría haber pensado: *Dios me dio un sueño que mi familia se inclinaría ante mí, pero realmente no sucedió.* Pero José sabía que su fin había sido establecido, así que continuó dando lo mejor de él.

Esto es una verdadera prueba de fe. ¿Mantendrá una buena actitud cuando usted está haciendo lo correcto, pero lo incorrecto está sucediendo, sabiendo que el fin está establecido?

Camino de la paz

Para dar luz a los que están en oscuridad y en sombra de muerte, y para guiarnos al camino de la paz.

Lucas 1:79, NTV

18 DE DICIEMBRE

Cuando tantas cosas salieron mal en la vida de José, él no se derrumbó ni se amargó. Él continuó haciendo lo correcto y finalmente llegó al trono del palacio. Si José estuviera aquí hoy, diría: "No se desanimen por los desvíos, los giros extraños y las escenas oscuras que no hacen sentido por sí solos. Dios sabe cómo entretejerlas, y al final usted terminará cumpliendo con su propósito, viendo lo que Él ha prometido".

Algo puede parecer que está ahí para derrotarlo, pero Dios lo usará para aumentarlo. Ningún contratiempo lo detendrá. Todas las fuerzas de las tinieblas no lo pueden parar. Dios tiene un fin esperado para usted; Él ya lo estableció.

Llevado a lo más alto

Desde el cabo de la tierra clamaré a ti, cuando mi
corazón desmayare. Llévame a la roca que es más
alta que yo.

Salmos 61:2, RVR1960

Mucha gente se frustra y se agria la vida porque no han recibido respuesta a sus porqués. Quizá nunca entienda por qué algo sucedió como lo hizo, pero Dios no lo hubiese permitido si no fuera para que de alguna manera ayudara para su bien. Nada de lo que le ha sucedido lo puede desviar de su destino. Lo único que puede detenerlo es usted mismo. Si usted se vuelve negativo y amargado y pierde su pasión, eso lo mantendrá alejado de lo mejor de Dios. Quizá le hayan sucedido cosas injustas, pero he aprendido que la profundidad de su dolor es una indicación de la altura de su futuro. Entre más alto el edificio, más profundo los cimientos. Cuando usted atraviesa por dificultades y situaciones injustas, Dios lo está preparando para ser llevado a alturas que nunca hubiera imaginado.

Creado para ser

Pónganse la nueva naturaleza, creada para ser a la semejanza de Dios, quien es verdaderamente justo y santo.

Efesios 4:24, NTV

No todo a lo largo de su vida tendrá sentido. Aquí es donde entra la fe. Debe confiar que incluso en las escenas que no entiende, en los giros de la vida, Dios sabe lo que está haciendo. Como le ocurrió a José, usted sabe que Dios le prometió algo: influencia, liderazgo, nuevos niveles. Pero todo lo que está sucediendo indica lo contrario: derrota, traición, insignificancia. Cuando llega a un callejón sin salida con algo que no entiende, es cuando tiene que pararse firme y decir: "Dios, no lo entiendo, pero confío en ti. Creo que tus pensamientos para mí son buenos. Creo que ya estableciste mi fin y filmaste mi escena final. Creo que voy a cumplir mi propósito y me convertiré en lo que tú me creaste para que sea".

DICIEMBRE
21

Una garantía completa

Porque irrevocables son los dones y el llamamiento de Dios.

Romanos 11:29, RVR1960

He oído decir que Dios siempre termina con "todo está bien". Si todo no está bien significa que no es el fin. "Joel, no estoy bien en mis finanzas". No se desanime; ese no es el fin. Esa es solo una escena. El favor viene. Los avances vienen. La abundancia viene. Quizá no le esté yendo bien en una relación, pasó por un rompimiento, se siente solo y no cree que alguna vez conocerá a la persona correcta. Ese no es el fin. La persona que lo dejó no detuvo el plan de Dios o cambió su fin. Ellos no tienen ese tipo de poder. Dios ya estableció su fin. Ya preparó a la persona de sus sueños, alguien mejor de lo que se ha imaginado. Solo está a un par de escenas de distancia. Es solo cuestión de tiempo antes de que esa persona aparezca.

Propósito de la vida

Porque Jehová de los ejércitos lo ha determinado, ¿y quién lo impedirá?

Isaías 14:27, RVR1960

Dios tiene un propósito para su vida. Ya planificó sus días, alineó las diferentes escenas y establecido su fin. Entonces pregunta: "¿Quién puede frustrarlo?". Dios está diciendo: "Yo soy el Todopoderoso, Creador del universo. Ahora, ¿quién puede cambiar su fin? Las personas no pueden, las situaciones injustas no pueden, la tragedia no puede. Yo tengo la última palabra". Cuando todas las escenas de su vida se junten, van a ayudar para su bien. Si José no hubiera sido traicionado por sus hermanos, si no lo hubieran vendido como esclavo, si no lo hubieran acusado falsamente y encarcelado, no hubiera llegado al trono. Todas esas eran las escenas necesarias en el camino a su destino establecido. ¿Qué está diciendo? Lo que parece un contratiempo es realmente Dios preparándolo para entrar a la plenitud de su destino.

23 de diciembre

Siempre en triunfo

Mas a Dios gracias, el cual nos lleva siempre en triunfo en Cristo Jesús...

2 Corintios 2:14, RVR1960

Una vez grabé un importante partido de baloncesto que sabía me iba a perder. La próxima semana me senté para verlo. Ya sabía que nuestro equipo había ganado porque lo había escuchado en las noticias. Mi equipo no podía hacer nada bien e iba atrás y en la segunda mitad estaba todavía más atrás. Normalmente yo habría estado en la orilla de mi asiento ansioso. Pero como ya sabía el resultado, no me preocupé en lo absoluto. De hecho, entre más nos llevaban la delantera yo pensaba: *Este será un regreso emocionante. No puedo esperar a ver lo que sucede.*

Al igual que con el partido de baloncesto, usted tiene que recordarse a usted mismo que el fin se ha establecido. Dios dijo: "Yo siempre te haré triunfar". Él ya preparó el desfile de la victoria.

24 de diciembre

Paz en todo tiempo

Que el Señor de paz les conceda su paz siempre y en todas las circunstancias. El Señor sea con todos ustedes.

2 Tesalonicenses 3:16

En la vida hay momentos en los que parece que nuestros oponentes, como la enfermedad, depresión, pérdida, nos están derrotando. Es fácil desanimarse. Puede atravesar la vida luchando contra todo lo que no sale como usted quiere, estar preocupado, negativo y molesto. O puede permanecer en paz, sabiendo que Dios está dirigiendo sus pasos, incluso los desvíos y los callejones sin salida. Tiene que recordarse a usted mismo que el fin se ha establecido. Cuando sienta que le superan en puntuación por mucho, que son más ellos, en lugar de desanimarse, tenga una nueva perspectiva. Eso significa que está a punto de ver un regreso importante. En cualquier momento, las cosas cambiarán a su favor. Una buena oportunidad, una sanidad, un ascenso o una restauración vienen en camino. Dios tiene la última palabra. Él ya filmó su escena final.

Termine bien

25

*Vale más terminar algo
que empezarlo. Vale más la
paciencia que el orgullo.*

Eclesiastés 7:8

Un amigo mío fue criado en un hogar muy
disfuncional. Su padre murió cuando tenía
cuatro años de edad. Cuando tenía once años
su mamá lo abandonó en una esquina y por tres
días esperó allí, confundido, hambriento y asustado. Un hombre lo notó, le preguntó si necesitaba ayuda, y luego este hombre y su esposa
lo llevaron a su casa y finalmente lo adoptaron.
A medida que crecía, este joven tenía el deseo
de ayudar a otros niños en entornos de riesgo y
comenzó a llevar niños necesitados a la escuela
dominical. Hoy el ministerio de este hombre ha
crecido hasta llegar a ciento cincuenta mil niños
cada semana, haciéndoles saber que ellos también pueden hacer algo grandioso en la vida.
Usted ha tenido un comienzo difícil, pero no
tendrá un final difícil. Dios ya ha establecido
el fin.

Deje su marca

Ni antes ni después de Josías hubo otro rey que, como él, se volviera al Señor de todo corazón, con toda el alma y con todas sus fuerzas...

2 Reyes 23:25

La manera que comience no es importante. No permita que lo que usted piensa que es una desventaja o una dificultad lo haga decir: "Si hubiera tenido una mejor niñez, si hubiera tenido apoyo, si no hubiera tenido esta disfunción, habría hecho algo grande". Allí fue donde usted comenzó, pero no es donde terminará. El comienzo no determina su destino. Esa es solo una escena. Lo que importa es el fin esperado. El Creador del universo ya lo destinó para dejar su marca. Ya ha puesto semillas de grandeza dentro de usted. Si usted se mantiene honrando a Dios y siendo lo mejor que usted puede ser, usted estará avanzando hacia el propósito que Dios ha diseñado para usted. El ama tomar a la gente que comenzó con las probabilidades en su contra y hacer brillar su favor en ellas, darles oportunidades, promoverlas y hacerlas lograr cosas extraordinarias.

Un final floreciente

Y estoy seguro de que Dios, quien comenzó la buena obra en ustedes, la continuará hasta que quede completamente terminada el día que Cristo Jesús vuelva.

Filipenses 1:6, NTV

El apóstol Pablo no dijo que Dios le llevará "a un final derrotado", "un final injusto", "un final solitario" o "un final en bancarrota". Dios tiene un final victorioso, un final abundante, "un final floreciente". Cuando esos pensamientos le dicen: *Nunca funcionará. Tienes demasiadas desventajas, y has cometido demasiados errores*, deje que esas mentiras entren por un oído y salgan por el otro. Dios ha establecido el fin, y Él sabe cómo llevarle allí. Ahora, durante todo el día, solo diga: "Señor, quiero agradecerte que tus planes para mí son para bien. Puede que no entienda todo en el camino, y puede que no haya sido justo, pero no estoy dispuesto a vivir preocupado, molesto o desanimado. Sé que me estás llevando a un final floreciente".

Todavía sigue en el trono

Yo sé que mi Redentor vive...

Job 19:25, RVR1960

Casi de la noche a la mañana la vida de Job fue destrozada por grandes pérdidas personales y fue cubierto en oscuridad. Se podría haber rendido en su fe. Incluso su esposa le dijo: "Maldice a Dios, y muérete. Estás acabado". En medio de la dificultad, miró a los cielos y dijo: "Yo sé que mi Redentor vive". De hecho, estaba diciendo: "Sé que Dios sigue en el trono. Ya estableció mi fin. No voy a amargarme o molestarme. Aunque Él me mate, en Él confiaré". Cuando usted puede darle alabanza a Dios cuando lo vida no tiene sentido, Dios lo lleva a un nuevo nivel de su destino. Cuando usted no permite que los desvíos, los giros extraños y las cosas que no comprende lo amarguen, usted pasa la prueba y verá su fin establecido.

Después de esto

Después de esto vivió Job ciento cuarenta años, y vio a sus hijos, y a los hijos de sus hijos, hasta la cuarta generación.

Job 42:16

Oímos mucho de las pruebas de Job, de sus sufrimientos y de su pérdida. Sí, el pasó por una temporada difícil y oscura, pero no se quedó allí. Al final, terminó con el doble de lo que tenía antes. La escritura dice que después de esto Job vivió otros ciento cuarenta años, lleno de bendiciones.

Observe que después de la dificultad, su vida no terminó y no acabó con una nota agriada y derrotada. Solo porque experimente un giro, un desvio o un revés no significa que su vida acabó. Dios tiene un *después de esto* para usted. Cuando usted atraviesa por tiempos difíciles, no solamente Él lo sacará de ellos, también lo recompensará por toda su tribulación. Usted saldrá aumentado, promovido, y mejor de lo que estaba antes.

Su fin ya ha sido establecido

*Yo sé bien que tú lo puedes todo, que no es posible
frustrar ninguno de tus planes.*

Job 42:2

Después de todo lo que Job soportó, él estaba
diciendo que el fin esperado no se puede
cambiar. La Escritura habla acerca de cómo Satanás tuvo que pedir permiso para probar a Job.
El enemigo no puede hacer lo que quiere; tiene
que obtener el permiso de Dios para tocarle a
usted. Dios no solo está en control de su vida,
Él está en control de sus enemigos. No tiene de
qué preocuparse. Él tiene un vallado de protección a su alrededor que no puede ser penetrado.

Quizá oye pensamientos susurrándole: *Jamás volverás a ser tan feliz. Tus mejores días ya
pasaron.* No crea esas mentiras. Usted no ha
reído su mejor carcajada, no ha soñado su mejor sueño, no ha bailado su mejor danza y no ha
cantado su mejor canción. Dios ya ha establecido su fin esperado.

DICIEMBRE
31

Siga mirando hacia adelante

Destruyan este templo —respondió Jesús—, y lo levantaré de nuevo en tres días.

Juan 2:19

Jesús dijo esto cuando estaba a punto de ser crucificado. La gente pensaba que estaba hablando del edificio, pero estaba hablando de sí mismo. Entendió que su fin había sido establecido. Su escena final no era una de ser traicionado y maltratado, colgando en una cruz con gran dolor o siendo enterrado en una tumba envuelto en mortajas. Sabía que su escena final era la de estar sentado a la diestra de su Padre, con todo el poder, con las llaves de la muerte y del infierno. Por eso es que la Escritura dice: "Por el gozo puesto delante de Él soportó la cruz, despreciando la vergüenza" (Hebreos 12:2). En los tiempos difíciles, la manera de mantener su gozo es seguir mirando hacia adelante, sabiendo que Dios siempre nos lleva al triunfo.

Notas

Notas

Notas